家教
改变孩子的一生

时素成 ◎ 编著

中华工商联合出版社

图书在版编目（CIP）数据

家教改变孩子的一生 / 时素成编著. —北京：中华工商联合出版社，2024.9. -- ISBN 978-7-5158-4109-0

Ⅰ. G78

中国国家版本馆 CIP 数据核字第 20248B2H53 号

家教改变孩子的一生

作　　者：	时素成
出 品 人：	刘　刚
图书策划：	华韵大成·陈龙海
责任编辑：	胡小英
装帧设计：	王玉美
责任审读：	付德华
责任印制：	陈德松
出版发行：	中华工商联合出版社有限责任公司
印　　刷：	北京君达艺彩科技发展有限公司
版　　次：	2025 年 3 月第 1 版
印　　次：	2025 年 3 月第 1 次印刷
开　　本：	710mm × 1000mm　1/16
字　　数：	180 千字
印　　张：	12.25
书　　号：	ISBN 978-7-5158-4109-0
定　　价：	49.80 元

服务热线：010 — 58301130 — 0（前台）
销售热线：010 — 58302977（网店部）
　　　　　010 — 58302166（门店部）
　　　　　010 — 58302837（馆配部、新媒体部）
　　　　　010 — 58302813（团购部）
地址邮编：北京市西城区西环广场 A 座
　　　　　19 — 20 层，100044
http://www.chgslcbs.cn
投稿热线：010 — 58302907（总编部）
投稿邮箱：1621239583@qq.com

工商联版图书
版权所有　侵权必究

凡本社图书出现印装质量问题，请与印务部联系
联系电话：010 — 58302915

推荐语

《家教改变孩子的一生》汇聚中外家教智慧，从爱育、品行到逆境磨炼、三观树立，全面指导家长科学育儿。如果我们能在家庭教育中借鉴和运用这些经典教育的案例与方法，相信我们的家庭将充满爱与智慧，也能让孩子变得更阳光和自信！

原搜狐集团总公司培训负责人，搜狐《职场一言堂》栏目总策划、主持人　张文强

《家教改变孩子的一生》教你如何用爱为孩子打造最佳成长环境，让表扬和鼓励成为孩子自信的源泉，改变孩子的一生。

郑州合众企业管理咨询有限公司董事长、河南家教家风文化研究院执行院长　吴永生

家庭是孩子最好的学校，家长是孩子最好的老师，家教是最重要的教育，家训是家教最好的教材，家风是孩子成长最重要的环境。好家长胜过好老师，好家风胜过好学校。期盼天下父母都注重家庭、注重家教、注重家风的建设，做成长型父母，陪伴孩子终身成长，让孩子绽放最好的自己，活出精彩而有意义的人生。

企业管理培训师、中华传统文化传播者、终身成长倡导者　黄圣恩

学会放手，让孩子在自主学习中历练成长，本书提供宝贵教育智慧，助力孩子勇敢面对未知世界。

北京慧人教育科技研究院院长、SPC 学习模型创造者　梁金平

《家教改变孩子的一生》凝聚众多名人的家教智慧，希望它可以帮助更多家长用爱与科学的方法培养孩子，用好的家教理念帮助孩子建立自信，勇敢追梦，成就幸福人生！

企业管理实践型导师、青少年心灵成长导师、九点阳光课程创始人　李涛

《家教改变孩子的一生》通过经典案例，展现爱的力量如何滋养孩子心田，为孩子创造一个充满爱与关怀的成长环境，是每位父母不可多得的育儿宝典。

许昌市孔子书院副院长　艾玉

面对挑战不退缩，《家教改变孩子的一生》教你如何培养孩子的坚韧品质，在逆境中绽放生命光彩，让孩子学会自强不息。

博思人才创始人、中国招聘服务领域资深专家　滕超臣

尊重孩子天性，《家教改变孩子的一生》提供自由成长的空间，让孩子的潜能得到最好发挥。

北京思享智汇文化发展有限公司总经理　金云哲

《家教改变孩子的一生》汇聚了众多名家的教育精髓，以爱为本，以情动人，启迪心智。父母共读，感受家教的力量，引领孩子茁壮成长，成就美好未来！

青少年赋能及亲子教育专家、中国东方文化研究会科技赋能文化发展委员会秘书处负责人　齐夏清

对孩子的最好表扬就是"有家教"，对父母的最大肯定就是"孩子有家教"！

民航科普教育专家、传统文化传播者　任翔

从诚实到善良，再到谦让与勤俭，《家教改变孩子的一生》引领你塑造孩子的良好品行，奠定成功人生基础。

品牌 IP 商业化专家、文化活动策划专家　李尚谋

家教为舵，塑造品格，激发潜能。《家教改变孩子的一生》探析家教精髓，助力父母成为智者导师，共创温馨家庭，培养优秀的孩子。

商业体系架构师、资深家庭教育导师　王一恒

前 言

教育是大事，不仅影响着一个人的发展，更关乎国家和民族的命运。

人这一生，必须接受三种教育，家庭教育、学校教育、社会教育。其中，家庭教育也是造就人才的启蒙教育，是孩子人生之初接受最早、最基础、最重要的教育。家庭教育不仅仅是向孩子传授知识、解答疑惑，更是向孩子传递一种价值观的培养、做人的方式方法等。在孩子成长过程中，家庭教育的作用不可替代。

成功的家教造就成功的孩子，失败的家教造就失败的孩子。自古以来，家庭教育就备受重视，科学的家庭教育，才能培养出优秀健康、思想独立、品德高尚、三观端正的孩子。这样的孩子让家长欣慰的同时，更是促进社会发展和进步的栋梁之材。如果缺失家教，很容易导致孩子性格缺陷，出现诸多社交问题、行为问题、学习问题、价值观问题等。这是每位家长都不愿意看到的结果。

每个孩子自出生以来，就好比一张白纸，在上面渲染什么色彩，勾画什么图案，它就是什么样子。孩子未来会成长为什么样子，取决于从小接受什么样的家庭教育。

父母爱子，则为之计深远。在家庭教育中，父母在陪伴孩子成长的过程中，既要负责孩子身体的茁壮成长，还要负责孩子心理的健康发育；既要重视孩子智力的开发，又要注重孩子各方面能力的培养；既要教会孩子学习知识的有效方法，又要教会孩子为人处世的正确方式。

养不教，父之过。好孩子都是教出来的。家长在家庭教育实施的过程中，扮演着重要的角色。如果将家庭看作孩子人生中的第一所学校，那么家长就是孩子的第一个老师。除此以外，家长还是孩子的保护者、人生导师、最好的朋友。

从孩子出生开始，父母就与孩子朝夕相处，与孩子建立起了亲密关系。父母是最了解孩子，也是最能影响孩子的人。父母的喜怒哀乐、处世之道等，都对孩子有强烈的感染作用。孩子的做人态度、为人处世风格，多半是在家长的影响和教育下形成的。

家庭是孩子成长的土壤，家庭教育是孩子成长的肥料。家长教育的好与坏，儿女往往也会受到相应的影响。俗话说：家长正，儿女易行善；家长邪，儿女易行恶；家长仁慈，儿女博爱；家长暴戾，儿女易残忍。这说明，家庭教育并不是一个只流于嘴上说说的词汇，对于孩子的成长至关重要。

同样年龄的孩子，为什么有的品学兼优、卓尔不群，是人人羡慕的"别人家的孩子"；为什么有的不学无术、平庸无能，让家长头疼不已？关键还在于家庭教育观念、方法的不同。正如著名古典哲学创始人康德所说："人类有两件事情最难：一是如何'统治'他人；另一个是如何'教育'他人。"树立正确的家庭教育理念，掌握科学的家庭教育方法，遵循孩子的成长规律，是做好家庭教育工作的三大法宝，是培养优秀孩子的三大利器。

没有教不好的孩子，只有不会教的父母。教育孩子，就像养花，精心浇水、施肥、呵护，才能绽放出最美丽的花朵。但并不是每个人都真的会养花，能将花养好。需要向别人请教养花的经验与技术，方能成功。

本书以古今中外名人的经典教子故事作为素材，在展现名人成就与风采的同时，更是深入剖析名人教育孩子成长和进步的育儿理念和方式方法。此外，本书不只流于说教，通过故事帮助读者带出一些启迪，悟出一些道理。本书希望通过科学、实用、有效的家庭教育方法，帮助家长开拓家庭教育新思路、提升家庭教育水平，从孩子学习、个性、思维、品行、意志等多方面入手，培养出更加优秀的孩子。

本书得以出版，要特别感谢以下同仁的大力支持：吴永生（郑州合众企业管理咨询有限公司董事长、河南家教家风文化研究院执行院长）、梁金平（北京慧人教育科技研究院院长、SPC学习模型创造者）、黄圣恩（企业管理培训师、中华传统文化传播者、终身成长倡导者）、李涛（企业管理实战型导师、青少年心灵成长导师、九点阳光课程创始人）、艾玉（许昌市孔子书院副院长）、滕超臣（博思人才创始人、中国招聘服务领域资深专家）、金云哲（北京思享智汇文化发展有限公司总经理）、齐夏清（青少年赋能及亲子教育专家、中国东方文化研究会科技赋能文化发展委员会秘书处负责人）、任翔（民航科普教育专家、传统文化传播者）、李尚谋（品牌 IP 商业化专家、文化活动策划专家）、王一恒（商业体系架构师、资深家庭教育导师）。

孩子的教育是父母一生最伟大的事业。父母掌握正确的家庭教育观念和有效的家庭教育方法，可以让孩子在通往成功的路上少走很多弯路。学习是最好的投资，希望阅读本书，能让家长和孩子都受益无穷。

目录

第一章　以爱育爱：用爱的沃土滋养孩子心田

为孩子塑造良好学习环境：孟母三迁成就孟子的不世之才 / 002

爱的表扬和鼓励远胜于训斥：曾国藩坚持"只表扬不批评"的原则 / 005

物质满足与精神陪伴同等重要：马克思注重陪伴式教育 / 010

爱，但不溺爱：焦裕禄的育儿心得 / 014

学会理解和尊重孩子：鲁迅的家教秘方 / 019

用"爱的管教"约束孩子：达·芬奇之父践行爱的教育 / 023

第二章　品行修养：好品行成就孩子的好人生

鼓励孩子改掉撒谎的毛病：司马池教育司马光诚实做人 / 028

教育孩子做人要善良：丰子恺强调"为人向善" / 033

谦让不等于懦弱怕事：王羲之教子"敦厚谦让" / 037

教育孩子谦虚做人：邓拓的"谦和"家教 / 041

正确引导孩子勤俭节约：柳公绰教育子女勤俭持家 / 044

教导孩子从小尊敬老师：李世民教育儿子尊师重教 / 048

第三章　正确放手：给孩子勇敢面对未知世界的机会

放手让孩子在自主中成长：居里夫人的家教艺术 / 054

给孩子锻炼的机会：比尔·盖茨锻炼孩子独立的能力 / 057

过度庇护容易把孩子"养废"：王永庆教育孩子独立 / 060

给孩子"不近人情"的教育：鲁伯特·默多克母亲的"无情"教育法 / 064

靠天靠地不如靠自己：刘荫枢的子女教育观 / 068

让孩子养成独立自主的好习惯：陈鹤琴的"习惯教育法" / 072

第四章　严宽有度：孩子教育须有度

教育孩子要宽严适度：傅雷的教育观 / 078

教育孩子要做到严慈平衡：闻一多的育子法 / 081

用规矩修正孩子的品行：范仲淹的育子方法 / 085

"量刑"惩罚保护孩子人格：马克·吐温的"自选式"惩罚 / 090

对孩子责罚要酌情：朱熹的育儿法 / 094

让孩子体验到自己过失的后果：斯特娜夫人的自然后果惩罚法 / 097

第五章　督学导学：让孩子勤学和会学

让孩子懂得学习、爱上学习：郑板桥教子莫为做官而读书 / 102

学习要从兴趣入手：祖昌倡导循循善诱教育法 / 106

在快乐中学习：理查德·费曼父亲的"寓教于乐"教育法 / 109

学习当勤奋：钱学森教育儿子勤勉好学 / 113

教育孩子学习要持之以恒：陆游以诗歌教子 / 116

学习讲究方式方法：董必武教子学习法 / 120

第六章　逆境磨炼：鼓励孩子在逆境中成长

积极培养孩子的坚强意志：宋嘉树教育孩子坚强 / 126

能吃苦的孩子最容易成才：李苦禅对孩子的"吃苦教育" / 130

让孩子在逆境中成长：李国豪的逆境磨炼教育法 / 134

从细微处磨炼孩子志气：冯玉祥的家教观 / 138

面对困境要自强不息：齐白石之母的"榜样式"教子法 / 142

第七章 释放天性：给孩子提供自由成长的空间

尊重和维护孩子的天性：老舍的育儿经 / 148

让孩子的天性自由发展：叶圣陶的家教观 / 152

勿用成人观念干预孩子：陈景润的"自然养育法" / 155

因势利导，培育优秀孩子：苏洵的家教良方 / 159

有梦想就努力去实现：毕加索的家教之道 / 162

第八章 树立三观：三观正的孩子未来更出色

帮助孩子树立正确价值观：巴菲特对子女的价值观教育 / 166

教育孩子要想得到必先付出：李光耀的教子观 / 170

向孩子灌输正确的金钱观：洛克菲勒的育儿心得 / 173

教育孩子谨慎交友：左宗棠教育子女的智慧 / 176

教会孩子明辨是非：罗斯福的家庭教育法 / 179

第一章

以爱育爱：
用爱的沃土滋养孩子心田

爱是一种感受，被爱的孩子感觉自己是幸福的，懂得施爱的孩子感觉自己是有价值的。家教最重要的一条，就是以爱育爱。以爱为底色的家庭教育，是孩子健康成长的沃土。用爱去不断滋养孩子的心田，用爱不断教会孩子如何去爱，帮助孩子铺好人生的第一块砖，可以让孩子未来走得更远、飞得更高。

为孩子塑造良好学习环境：孟母三迁成就孟子的不世之才

【导语】

查尔斯·狄更斯曾说：所有杰出的非凡人物，都有出色的母亲。懂得为孩子营造良好学习环境的母亲，最为睿智。

【名人家教品读】

父母对孩子不但有养育的责任，还负有教育、引导、促进孩子健康成长的责任。如果说家庭氛围是孩子成长离不开的内部环境，需要家长用心去营造，那么家庭所处的自然环境、人文环境则属于外部环境，对孩子的健康成长同样具有十分重要的作用，需要家长用心去选择。

"孟母三迁"的故事可以说是"爱的教育"的典范，我们先回顾一下"孟母三迁"这段经典故事。

战国时期，有个大学问家叫孟子，名轲，祖辈以务农为生，家境贫寒。三岁的时候，父亲去世，母亲一人将孟子抚养长大。孟子小的时候十分贪玩，而且善于模仿。他家原来住在村子边上，附近是一片坟地，经常有送葬的人群从他家门前经过。孟子听到屋外一阵阵乐曲声和一声声哭啼声，便出于好奇，跑出去看。一来二去，看到人家筑坟和哭着祭拜，他就觉得很好玩，便学着人家的样子和小伙伴们玩筑坟墓、吹吹打打和哭拜的游戏。

一天，孟子的母亲出来找他回家，发现孟子在玩这样的游戏，觉得孟子玩这些游戏很不好。她对此很是担心，认为这个地方对孩子的成长十分不利。于是，孟母就带着孟子搬了家。

孟家搬到了城里的一条街上，这条街十分繁华，到处是集市和商店。每天这条街上充斥着打铁声、商贩叫卖和讨价还价等各种各样的声音。孟子经常在这条街上玩耍。很快,孟子便对这些商人巨贾做买卖的情形耳濡目染。孟子和小朋友又学起了商人做买卖的游戏。

孟母得知后,觉得这样的环境也不好,对孩子的成长也不利。于是,孟母决心再次搬家。搬家那天,孟子十分不情愿地问:"我们为什么又要搬家呢?""孩子,我希望你能做一个像孔子一样的读书人。这个地方太吵了,不利于你静下心来读书。所以,我们必须要搬家。"孟子看了看母亲,点了点头。

这次,他们搬到了东城,住在学堂旁边。每天从学堂传出来的都是琅琅的读书声,学习氛围非常浓厚。到这里来的,除了一些学生之外,还有一些著名的学者。他们出出进进,很有礼貌。

自从搬到这里,孟子经常去学堂听老师上课,模仿学生朗读,还会学习来往行人的礼貌动作。孟母看了十分高兴。一天,孟母发现孟子正跪在地上磕头跪拜,便生气地上前质问:"你又在玩什么把戏?""母亲,我在演习周礼呢?""谁教你的?""我看学堂里的老师在这样教学生,我也在这里照着做呢。"听了这些话,孟母感到甚是欣慰,认为自己终于找到了一个有利于孟子读书学习的好地方。孟子也没有辜负母亲的良苦用心,成为一代名家,万世流芳。

【家教心得感悟】

孟母为了孟子能够接受更好的教育,舍弃了安稳的生活,多次搬迁。这体现了孟母为人母对孩子的无私关爱和责任感。在孟母的关爱和呵护下,孟子生活的家庭非常温馨。孟母是一个非常有智慧的母亲,总是想方设法给孟子最好的学习和成长环境。"孟母三迁"的故事不仅是家庭教育的范例,更是一种德育家教的体现。

从"孟母三迁"当中,我们能得到什么样的家庭教育启示呢?

1. 对孩子担负起关爱和责任

每个孩子都有自己的性格特点和爱好兴趣,作为家长,既要关注孩子的茁壮成长,还要肩负起对孩子心理健康的关爱和责任。家长需要关注孩子的成长与发展,根据孩子的性格和爱好兴趣,为孩子提供有针对性的引导和帮助。当然,与孩子之间进行情感上的沟通也是必不可少的,有助于与孩子建立更好的亲子关系。

2. 为孩子营造良好的成长环境

孩子自从懂得听、懂得看，就已经学着将自己看到的、听到的东西在耳濡目染之下，转化为自己所掌握的知识与技能。这种行为叫作模仿行为。不要小看这一行为。孩子的内心尚未成熟，对于一些新事物，虽然不能够理解，但却十分善于模仿。他们对模仿的事物没有很好的是非、善恶、丑美的判断能力，他们的模仿存在一定的盲目性。不同的环境下，孩子会形成不同的思想观念和行为习惯。这就是"近朱者赤，近墨者黑"的道理。如果周围的人品行不端，就可能使孩子认为，这个世界都是这样的，从而自己也养成不良品行。所以，孩子所接触的成长环境的好坏，对孩子有着非常重要的影响，甚至关系到孩子的一生。

父母应当提高这种认知，不断完善孩子的成长环境和氛围。如果外部环境无法改变，就要不断尝试为孩子营造积极向上的成长氛围，如创造一个和睦的家庭、孝敬的家庭、学习的家庭等。在这样的家庭里生活的孩子，必定懂得与人为善、孝敬长辈、追求新知等。

3. 注重家庭教育与社会教育相结合

孩子的成长，不仅仅是通过家庭教育来提升的。但真正的提升，还应当走出家庭，走向社会。如果孩子一直都在父母的保护伞下生活，没有接触社会的机会，没有面对各种问题的机会，自然也就缺少了真正锻炼和成熟的机会。

父母在注重家庭教育的同时，还要注重与社会教育相结合。要引导孩子积极参与一些社会活动，通过正确引导，帮助孩子树立正确的人生观、价值观。

培养孩子，要抓住教育孩子的关键时期。这个时期对孩子所生活的环境有较高的要求。优良的成长环境，对孩子的影响尤为重要。孩子从小到大，如果想要健康成长，家长不但需要良好的自然环境，还需要良好的人文环境。

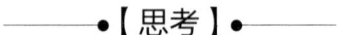

【思考】

- 您认为生活环境对孩子的成长重要吗？

- 您是如何为孩子打造良好的成长环境的？

爱的表扬和鼓励远胜于训斥：曾国藩坚持"只表扬不批评"的原则

【导语】

英国著名教育家史宾塞曾经说过：对孩子的一次喝彩，胜过百次训斥。喝彩和鼓励，可以让自卑的孩子走出泥沼。在家庭教育中，恰到好处的表扬和鼓励，远比责备、训斥更有力量。

【名人家教品读】

相信很多家长都有这样的苦恼：孩子犯错，对孩子越是说教、越是批评，孩子越是知错不改。那么作为家长，我们该如何正确引导和教育孩子，才能收到最好的效果呢？让我们看看曾国藩的育儿方法。

曾国藩是晚清第一名臣，被视为立德、立言、立功的代表人物。他曾进京连续两次赶考，却都名落孙山。怀着沮丧的心情，曾国藩准备沿着东南方向一路走回家，顺便让自己开开眼界。走到半路的时候，曾国藩的盘缠用光了，当地正好有一位父亲的好友。他登门向父亲的好友借钱，没想到父亲的这位好友十分慷慨，直接借给曾国藩100两银子。曾国藩并没有挥霍这些钱，而是买了"二十三史"回去。踏进家门口的瞬间，曾国藩心想，两次考试都失败了，肯定会被父亲责骂。他已经做好了被父亲责骂的准备。

见到了父亲，他把自己的经历一五一十地告诉了父亲，父亲了解后并没有责怪他考试失败，也没有责怪他借了100两银子。反而说："买书是好事，说明你虽然没考好，但你还是十分好学的。买书的初衷是读书，你只管细心研读。钱的事情你不用操心，爹会替你偿还的。"

听到父亲的一番话，曾国藩内心受到了很大的鼓舞，他默默发誓：一定要好好读书，不辜负父亲的期望。

曾国藩父亲用鼓励代替训斥来教育孩子，给曾国藩日后的成长带来了极大的益处。同时也让曾国藩懂得，鼓励才是最好的教育方式。

曾国藩有三个孩子，第一个孩子叫曾桢第，出生不久后便夭折了；第二个孩子叫曾纪泽，是著名的外交家；小儿子曾纪鸿是著名的数学家。曾国藩在教育孩子的时候，总是能找到孩子的优点，给予孩子肯定，还经常当着朋友的面表扬孩子，夸赞孩子的进步。

尤其对于长子曾纪泽的教育，曾国藩更是采取鼓励式教育。曾纪泽的科举考试很不顺利，连考三次都失败了。在第四次考试之后，曾纪泽再次落榜。他胆怯地向父亲表达内心的想法：不喜欢考科举，不喜欢八股文，而是喜欢西方的语言学和社会学。在那个时代，对于绝大多数家长来说，都会认为考科举、走仕途之路才能有更好的发展。但曾国藩却出乎意料地鼓励曾纪泽去做自己喜欢的事情。虽然曾国藩对西方的语言学和社会学不太懂，但是为了儿子曾纪泽，他努力地去看了不少这方面的书。后来，曾纪泽写的《西学述略叙说》《＜几何原本＞序》出版后，曾国藩亲自批阅后为其印制发行。

曾国藩很少给孩子提意见，即便是提，也会用大量的褒奖语言做铺垫，最后还会给出具体的解决方法。

有一阵，曾纪泽比较狂妄，他在给父亲写的信中，用了很大的篇幅来批评《左传》，表示整篇内容疏浅无味。换作平常人，听到自己的孩子如此狂妄自大的言论，必定要勃然大怒。但曾国藩却在第一时间回复的信中，对曾纪泽表现出很好的思考能力给予了充分的肯定。而且曾国藩还表示，曾纪泽对《左传》能发表出这样的评论，说明他看《左传》的时候下了很深的工夫才能有如此的见解，这让他感到十分欣慰。

相信，曾纪泽在跟自己的父亲曾国藩相处的时候是十分放松的，也会更加努力去表现自我。最终，曾纪泽也用自己的成功，验证了曾国藩家庭教育的成功。

【家教心得感悟】

曾国藩独有的育儿方法：坚持"只表扬不批评"的原则，深藏着大智慧。

人人都喜欢自己被赞赏和认可，没有人会希望别人贬低自己。大人如此，小孩子也一样。在孩子心里，得到家长的认可，他们所做的一切才是有价值的。现实情况是，每个家长都盼望自己的孩子能够成龙成凤，在孩子做得不够好的时候，很多家长都喜欢采用训斥的方式来教育孩子。习惯性批评孩子的家长比比皆是，懂得"爱的鼓励和表扬远胜于训斥"的家长寥寥无几。

当面训斥孩子可能会伤到孩子的自尊心，觉得自己不被家长认可和接受，会给孩子的心理健康产生负面影响，甚至让孩子感到自卑和压抑。更严重的可能会激发孩子的逆反心理，使得他们变得固执和故意唱反调。

相反，爱的鼓励和表扬，可以使孩子充满自信和前进的动力，远比责备和训斥更有力量。

那么作为家长，该如何用爱的鼓励和表扬代替训斥，引导和教育孩子呢？

第一步：善于观察和发现孩子的优点

在这个世界上，挑刺是最容易的事情，发现优点则是最难。每个人都有自己的优点和才华，每个孩子也都有其独有的长处和潜能。在很多家长的眼里，只要孩子考试成绩好，就是优秀的孩子，就是家长引以为傲的"闪光点"。这让很多家长都用考试成绩来衡量孩子是否优秀，也埋没了孩子其他方面的优点。

有一句话说得非常好："这个世界不缺少美，缺少发现美的眼睛。"也许你的孩子成绩不是那么优异，或者比较内向，但他暖心的性格、待人谦和有礼、对画画有天赋、特别有同情心、喜欢助人为乐等，这些都是他的"闪光点"。

作为父母，要有一双慧眼，还要善于观察，从小事中发现孩子的优点。

第二步：从缺点中挖掘孩子的优点

人无完人，孩子身上既有优点，也有缺点。家长平时要多用心去留意，很多时候，孩子暴露在外的缺点中，其实可能在某个细微的环节里潜藏着难能可贵的优点，只是我们没有注意到。发现孩子的缺点，我们不要急于训斥和责骂孩子。家长要认真审视和看待孩子的缺点，从孩子的缺点中，挖掘优点。一方面，要将缺点一分为二，将缺点掰开来看，从缺点中找到积极的一面；另一方面，要将缺点转化为优点。

当然，我们可以从缺点中找到一个鼓励孩子的理由。比如，孩子第一次数学考试得了 48 分，第二次数学考试得了 58 分，第三次数学考试得了 68 分。

虽然考试成绩都不好，但要想从中找到一个鼓励孩子的理由，其实也很简单。孩子的成绩从第二次涨了10分，到第三次涨了20分，就是很大的进步。

第三步：恰到好处的鼓励和表扬

如果经常鼓励和表扬自己的孩子，将会收到非常惊人的效果。在心理学上，有一种赫洛克效应。这一效应是由美国心理学家赫洛克发现的。他在试验过程中，将孩子分为四组，分别为夸奖组、受训组、控制组、忽视组。经过对四组孩子实施不同教育之后，发现在夸奖教育方式下的孩子，表现最为出色。赫洛克效应表明，对孩子进行鼓励和表扬能激发孩子的自信心，给孩子的内心带来力量。

承认和肯定孩子的优点，对他们是一种极大的鼓舞。教育孩子，恰到好处的鼓励和表扬很重要。

（1）在公共场合表扬

在公共场合向亲朋好友表扬孩子的优点，能更好地激起孩子努力的欲望。但表扬的过程中也要注意掌握分寸，要实事求是，切勿无中生有。

（2）明确表扬和鼓励的目的

表扬和鼓励的目的是让孩子进步和成长。家长鼓励孩子，应当严格限于孩子的进步和优点，以此鼓励孩子将自己优秀的品质和能力、意识等继续保持下去。

（3）出乎意外的表扬和鼓励

在不经意间表扬孩子身上的闪光点，或者在孩子本以为要被训斥的时候，对孩子缺点中隐藏的优点进行表扬和鼓励，会加深孩子对自己的认知。这样可以让孩子很好地通过自己的优点战胜自己的不足。比如："你这次进步已经很大了，爸爸相信你下次一定会考得更好。"

（4）不要敷衍式地表达

你说话真诚与否，孩子是能听出来和感受到的。在表扬和鼓励孩子的时候，不要敷衍，坦率真诚、语调自然的话语，胜过辞藻华丽、强调浮夸的言语。这样，孩子能感受到家长对自己的进步予以关注，达到的效果也会得到增强。

孩子在成长中犯错是在所难免的事情。有些家长却不容孩子犯一丝错。他们将孩子正确的言行举止视为理所应当，对孩子犯的错却难以接受。家长教育孩子，不要对孩子犯错急于教训和斥责。批评孩子是一种激烈的吵闹，其结果就是孩子把教育的内容过滤掉，记住的只是父母火爆的脾气，毫无裨益。

因此，家长不要吝啬对孩子的爱，不要吝惜对孩子的表扬和鼓励，让他们感受到我们对他们的关爱和支持。用爱点燃孩子内心积极、向上的火焰，可以激发孩子将缺点转化为优点，一步步变得更加优秀。表扬和鼓励的力量不容忽视。

───●【思考】●───

· 您认为"棍棒底下出孝子"适用于当下的家庭教育吗？

· 您平时对孩子是鼓励多一些还是训斥多一些呢？

物质满足与精神陪伴同等重要：马克思注重陪伴式教育

【导语】

苏联教育家马卡连柯说：没有父母的爱培养出来的人，往往是有缺陷的人。家长对于孩子的物质满足与精神陪伴缺一不可。

【名人家教品读】

现在，人们的生活水平有了很大提升，家长给孩子富足的生活，却往往因为忙于赚钱养家，疏于对孩子精神上的陪伴。家长对于"给孩子足够的物质生活重要还是足够的精神陪伴重要"颇有争议。对于这个问题，我们看一下，著名的马克思主义创立者、思想家、政治学家、哲学家、经济学家、革命理论家卡尔·马克思是如何做的。

卡尔·马克思是一位国际共产主义运动革命导师，也是一位坚韧不拔的战士和英勇无畏的旗手。但在家里，他会尽可能腾出时间给孩子更多的陪伴，成为孩子最好的玩伴。马克思十分喜欢自己的孩子，孩子们也非常热爱爸爸。马克思从不在孩子面前摆做父亲的架子，在孩子做事情的时候，他总是尽可能地陪在孩子身边，以各种办法去启发、引导他们去做。

每逢星期天，马克思总会放下手里的工作，带孩子们出去尽兴而愉快地玩耍，让孩子们更好地走进大自然，接受大自然的熏陶，认识大自然、了解大自然。

有一天，马克思和孩子们在一个山岗上发现了一棵长得很高、硕果累累的栗子树。孩子们要求和马克思比赛，看谁打下的栗子最多。起初，大家拿离自己最近的石子去打栗子。虽然马克思也并不是一个很好的投手，但他还是兴致勃勃地加入其中。但一会儿之后，大家发现用石子很难打准栗子，小女儿已经开始打算放弃了。"爸爸，我最小，力气又小，很难打下来。我已经输了。"马克思看着情绪低落的小女儿，说："别灰心，我们尝试换个方法，说不定就成功了呢。"小女儿张望了一下，发现在不远处有一根木棍，她把枝丫掰掉后，便拿起木棍打栗子，这下效率明显比之前高多了。大家看到后，也都将石子换成了木棍。最后，收获满满，在回家的路上，孩子们有说有笑，但最重要的是通过今天的游玩，让她们收获了人生启示：方法决定成败。做任何事情，如果现有的办法行不通，就勇敢尝试换另一种方法，这样会少走很多弯路。

有一次，在吃过晚餐后，马克思用纸折叠了三个小帆船，然后将小帆船放在一个大盆里航行。三个女儿正在那里航海游戏玩得起劲，父亲用手轻轻搅动了盆里的水，瞬间激起了一个"波浪"。二女儿立刻惊慌了起来，担心自己的小船被打翻。马克思鼓励二女儿："别慌，用力吹气，小船就会顶着风浪，努力向前！"在父亲的鼓励下，二女儿鼓起小嘴巴，奋力吹气，果然，小船在逆浪中摇摇晃晃地向前航行。经过这件事情，二女儿明白了一个道理：只要努力，在逆境中依然可以前行。父亲的那句"努力向前"，也成了二女儿最喜欢的座右铭。

马克思是一个学识丰富的人，他经常给孩子们讲一些有趣动听的童话故事，马克思还会背诵莎士比亚的剧本台词、荷马的作品等。他讲得情绪高涨，孩子们听得入神。有的时候，马克思甚至还会编一些有趣的故事，和孩子们一起唱歌、跳舞。

在孩子们的印象中，父亲就是那个经常陪伴她们玩耍，带给她们欢乐，启发她们懂得一些生活道理的人。这些美好的印象，让孩子们觉得她们拥有幸福、有趣、充满爱的童年。

【家教心得感悟】

马克思教育子女的方法，不是一味说教，而是一种陪伴式的教育方式。对于孩子来说，虽然物质生活是他们的重要保障，但父母的陪伴与爱同样重要，是孩子的成长路上最珍贵的礼物。

相信有很多家长认为，给孩子报各种课外班，给他们请最好的家教老师，培养他们各种特长，就是对孩子爱的最好表达。真正爱孩子的家长，会在尽可能给孩子提供更好的成长和学习环境的同时，更注重给孩子爱的陪伴，注重亲子互动。在陪伴和互动中，家长能帮助孩子更好地探索未知世界，开阔自己的眼界，获得更多的人生启迪。

对孩子的精神陪伴，家长要做好以下几方面：

1. 用心陪伴

陪伴孩子，是最好的家庭教育。家长陪伴孩子，并不在于陪伴时间的长短，重要的在于是否用心去陪伴，是否注重品质。那么什么样的陪伴才是用心地陪伴呢？要保证在陪伴孩子的过程中，第一，要有时间保证。有的家长看似在陪孩子做游戏、游玩，实则自己仅仅是陪在孩子身边，不但没有与孩子进行任何互动，还专注于刷手机自我娱乐。这样的陪伴，即便家长待在孩子身边的时间再长，对于孩子来说没有用心，也就没有任何意义。

第二要投入爱和情感，在生活中给予孩子贴心的照顾等。比如，孩子受挫的时候，家长要给孩子一个爱的拥抱，并用安慰的话语对孩子进行爱的鼓励，陪伴孩子一起走出逆境，走向成功。

2. 用耐心陪伴

十年树木，百年树人。培养孩子就像是培育一棵参天大树一样，需要经历一个漫长的过程，家长需要拿出更多的耐心等待孩子慢慢长大。但很多家长在陪伴孩子的时候，因为孩子小，做事比较慢，就会渐渐失去耐心。只要孩子不是拖拖拉拉，而是认真地在做这件事情，家长就一定要尊重孩子的节奏，允许孩子"慢慢来"。

3. 用平常心陪伴

每一位父母都对自己的孩子充满期待，但并不是每个孩子都能顺顺利利、中规中矩地做好每一件事情。毕竟他们还是天真烂漫、活泼调皮的孩子。更何况，人非圣贤，孰能无过。所以，在孩子做错事的时候，父母一定要注意自己的措辞和态度，要通过讲道理的方式来引导孩子，要怀着一颗平常心，帮助孩子认识自己的错误，正确认识自己，为他们指明前进的方向。毕竟有很多道理孩子并不懂，需要我们耐心去教育和教导。

4. 用共同成长陪伴

当下，有很多家长越来越意识到陪伴孩子的重要性。但什么才是"陪伴"，什么才是"高质量的陪伴"呢？

与孩子一起玩耍、一起看电视等，这些属于陪伴。高质量的陪伴，就是家长在陪伴孩子的过程中，走进孩子的内心世界，关注孩子的成长与发展，与孩子共同成长。

家长在陪伴孩子的时候，除了要一起参加各种活动，如看电影、做游戏、做家务、郊游、运动等之外，还应当与孩子一起交流和分享，相互之间探索新世界、学习新知识，实现共同成长和进步。

家长总是希望给孩子最好的，却不知道，对孩子最好的爱，就是陪伴。给孩子的爱和陪伴要富足，让孩子在父母的有效陪伴下暖心成长。

———●【思考】●———

· 您认为给孩子足够的物质生活重要还是足够的精神陪伴重要？

· 您对孩子的陪伴多吗？您是如何陪伴孩子的？

爱，但不溺爱：焦裕禄的育儿心得

【导语】

著名教育家马卡连柯说过："过分的溺爱虽然是一种伟大的情感，却会使子女遭到毁灭。"

【名人家教品读】

每一个孩子都是上天赐给家长的最好"礼物"。面对这份来之不易的"礼物"，作为家长，从孩子呱呱坠地的那一刻起，就希望给孩子最好的关爱和呵护，会帮助孩子穿衣叠被，收拾作业书包。会尽力满足孩子的各种需求，孩子想要玩具，就赶紧去买；孩子想要吃山珍海味，家长就极力满足。为了不让孩子输在起跑线上，家长会希望能尽自己的全力，给孩子报各种兴趣班、补习班……总之，一切都要给孩子最好的。

家长对孩子的爱是最无私、最真挚的，但对孩子过分的爱，就是溺爱。

那么家长究竟该如何养育孩子，该如何教育孩子呢？我们不妨看一看焦裕禄的家庭教育心得。

焦裕禄因其亲民爱民、艰苦奋斗、无私奉献的精神，被后人铭记于心。

焦裕禄在对孩子的家庭教育上，同样堪称楷模。

焦裕禄一直坚持"厚爱与严管相统一"的家教原则。他的家庭教育观就是：爱，但不溺爱。他的二女儿焦守云在回忆父亲的过往时，说道：父亲很爱我们，但不溺爱我们。

每当焦裕禄忙碌完工作，拖着疲惫的身体回到家时，孩子们总是开心地扑到他身上，他左手抱一个，右手搂一个，甚至还要背上背一个，与孩子们十分亲昵，相处得非常亲密、温馨。但对于孩子们的成长，焦裕禄非常重视，对于孩子们的管教也十分严格。一旦发现孩子有犯错的苗头,就及时干预,要求孩子及时改正。

焦裕禄从来不允许孩子们耍特权,搞特殊。更是在孩子很小的时候,就灌输这种思想,防止滋生搞特殊的坏习惯。

焦裕禄调到兰考县工作不久后,一天晚上,大儿子焦国庆就借着父亲的职务没买票,在礼堂里免费看了一场戏。焦裕禄得知后,对焦国庆就是一顿批评:"小小年纪可不能养成这种占便宜的习惯。你这种行为是一种剥削行为,是在剥削别人的劳动成果。明天跟我去礼堂道歉去。"焦裕禄言必信,行必果。第二天一大早,就带着焦国庆去礼堂将 2 毛钱戏票补上,并让焦国庆向检票员道歉,做检讨。

焦裕禄还经常善于利用各种机会磨炼孩子们的意志力。焦裕禄的大女儿焦守凤初中毕业后在家待业,兰考县的几家机关单位提出为她安排工作,有话务员、教师、县委干事等职务,供焦守凤选择。焦裕禄得知后,就告诫焦守凤:"一出校门就去坐办公室,缺乏了锻炼机会。年轻人就应当多干点脏活、累活,多锻炼身体,不劳动就容易忘本。"

最后,焦守凤被父亲安排在一家食品加工作坊当工人,每天做的就是腌咸菜的工作。这里条件十分艰苦,劳动强度很大,而且还需要挑着担子去走街串巷吆喝卖咸菜。焦守凤觉得这是一件丢人的事情,很难接受这样的工作。

为了让女儿能够真正放下身段,焦裕禄亲自带着女儿挑担子,走在大街上卖咸菜。还教焦守凤如何才能挑着担子轻松些,如何才能让担子不磨肩膀。焦裕禄还向焦守凤专门讲了自己小时候跟着爷爷走街串巷卖油的故事。父亲以身作则,让焦守凤改变了自己的看法,此后便不再闹情绪,在食品加工作坊好好工作。这段艰苦的时光磨炼了焦守凤的意志,让她对生活充满了热爱,更让她受益一生。

穷养富养,都不如教养。在焦裕禄的精心教养下,他的孩子们个个树立了正确的价值观,受到了街坊邻里的称赞。

【家教心得感悟】

古人讲，"爱子，教之以义方""爱之不以道，适所以害之也"。焦裕禄对于儿女的教育，虽然充满了宠爱，但从不过度溺爱。他为孩子们立下的既是规矩，也是对孩子最好的保护。

如今，很多家庭对于孩子，都是"含在嘴里怕化了，捧在手里怕摔了"，将孩子严严实实地包裹在层层"爱"的保护罩当中。家长爱孩子，是一种本能，但也要讲究一个"度"。毫无底线和原则地爱孩子，过于听从孩子的意愿，放纵孩子的行为，这些行为看似是父母对孩子无私的爱，实则是对孩子一种甜蜜的摧残。

溺爱，就是一种失去理智、摧残孩子身心健康的爱。家长应当以合理的爱，来保护孩子的健康成长。

以下是比较典型的家长溺爱孩子的形式，应该引起家长的警惕。

1. 习惯缺失

小孩不好的生活习惯都是由不当的家庭教育引起的。比如，不能按时完成家庭作业；不爱清洁、不讲卫生的习惯；用完东西到处乱丢的习惯；经常熬夜玩手机的习惯等。这些坏习惯的养成，多半是因为家长太过溺爱导致的，觉得孩子现在还小，长大了这些不好的习惯就自然而然纠正了。

正确做法：培养良好习惯

任何习惯都是日积月累形成的。当我们重复去做一件事情的时候，一种看不见的力量就会驱使自己去做，就养成了习惯。家长要想培养孩子的好习惯，就要慢慢从身边的小事做起。

家长要以身作则，用自己的好习惯，带动孩子一起加入。如：今日事今日毕；饭前洗手、厕后洗手；东西从哪里拿放哪里去；玩手机有节制等。

2. 特殊待遇

在家里，孩子是最小的那一个。家人都会给孩子特殊待遇，好吃的先给孩子吃、好玩的给孩子玩，养成了孩子"家里我最大"、经常"吃独食"的习惯。对于孩子不懂得分享、营养不均衡等问题，家长也都不予纠正。父母以为这是对孩子的爱,殊不知,这样的特殊待遇,才是对孩子最大的伤害。这样在溺爱中成长的孩子,眼里只有自己,必然会变得特别自私、缺乏同情心,不会关心他人。

正确做法:不搞特殊化

父母应当在孩子的待遇上不搞特殊化,正确引导孩子,让孩子明白尊敬长辈、孝敬父母的道理。家长还要教会孩子学会分享,比如要以身作则,将自己的东西分享给家庭成员,孩子也会跟着父母学着分享。如果孩子做到了分享,家长要及时表扬。

3. 放纵孩子行为

孩子心智不成熟、自控能力差,经常会做出一些违反常规和习俗的事情。很多家长认为,孩子喜欢做这样的事情,就随他去做。对孩子的这种行为不加以管教和制止,任由其放纵下去。在这样的溺爱下,孩子会变得无规无矩,容易出现任性、自私和无礼等不良行为。

正确做法:制定合理的规则

家长要学会适当地控制和约束孩子,可以约法三章,制定合理的规则和要求,引导孩子逐渐形成良好的行为习惯。

4. 当面袒护

有时候,孩子犯错,爸爸管教孩子的时候,妈妈过来袒护:"孩子还小呢,说他干吗?长大了就懂事了。"甚至旁边的爷爷奶奶也会站出来说话:"孩子打打闹闹挺正常,教育孩子不能太着急,长大了自然就好了。你小时候还不如我大孙子呢。"孩子会将家长的一言一行看在眼里、记在心里。在旁边听到来自妈妈和爷爷奶奶当面的袒护,孩子就会认为自己还小,即便犯错误,父母也不会真的惩罚自己。这样,孩子就会将"自己还小"作为借口或理由,而且没有半点是非观。认为自己即便犯错也没什么可怕的,也不用自己承担责任。

正确做法:用讲道理来管教孩子

当孩子的面护短,或者在别人教育孩子的时候横加干涉,其实是在变相鼓励孩子犯错。家长需要提升自我教育和自我批评意识,杜绝袒护孩子的行为。如果实在无法做到家庭教育的统一，起码在一个家长教育孩子的时候，请其他家庭成员不做任何参与。事后，大家再坐在一起沟通交流，商量应对策略。

5. 无节制地满足

如今，人们的生活水平得到了提升，有的家长养育孩子，本着"再苦不能苦孩子"的思想，孩子要什么，就尽全力给什么。时间久了，孩子的不合理要求就会越来越多。如果父母没有满足他们这些不合理的需求，就会无理取闹、摔东西、就地打滚，甚至还会做出伤残自己的事情。溺爱的家长看到这样的情形，会心疼孩子，最后投降、迁就，想方设法去满足。

毫无节制地满足孩子的需求，只能让孩子认为只要是自己想要的东西，只要是自己稍微使点性子，就能得到。得到的越容易，孩子越不会珍惜。而且在孩子看来，愿望实现得太轻松了，就不会懂得体谅父母的辛苦，更不知道感恩父母为自己所做的一切。更重要的是，这样会在无形中给孩子的性格播种下自私、无情、任性和缺乏自制力的种子。

正确做法：满足孩子需求要有底线

家长需要根据自己的家庭经济情况，有尺度、有底线地满足孩子的需求。同时，要学会拒绝，或有条件地拒绝。比如考试成绩有进步，可以奖励。要通过一些方式，让孩子看到和感受到父母赚钱的不容易，引导孩子树立正确的金钱观。

父母对孩子的爱，永远不嫌多。但对孩子爱的合理、爱的适当，才最利于孩子的健康成长。爱，但不溺爱，这才是家长爱孩子的正确方式。

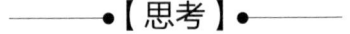

【思考】

· 您溺爱孩子的表现有哪些？

· 作为家长，您认为如何才是爱孩子的正确方式呢？

学会理解和尊重孩子：鲁迅的家教秘方

【导语】

法国启蒙思想家、哲学家、教育家卢梭说：要尊重儿童，不要急于对他作出或好或坏的评判。每一个孩子都有被理解和尊重的需求。

【名人家教品读】

父母是孩子在这个世界上最亲密的人，但很多时候，父母觉得孩子不服管教，总是跟自己对着干；孩子总是觉得家长"事儿太多"，不懂自己。久而久之，父母与孩子之间就形成了一道难以逾越的鸿沟，使得亲子关系陷入僵局。

对于陷入如此僵局的父母，不妨学习和借鉴一下鲁迅的育儿方法。

鲁迅先生是我国近代伟大的文学家、思想家、革命家，被大众所熟知。他的很多作品，影响了一代又一代人。鲁迅在对孩子的教育方面，也颇有一套。

鲁迅有一个儿子，叫海婴。鲁迅对唯一的孩子十分疼爱。有朋友来家里做客，鲁迅就会把孩子抱出来给人看。有时候海婴原本睡着了，被鲁迅一顿折腾后哇哇大哭，鲁迅事后又开心地要重新哄孩子入睡。鲁迅总是喜欢把儿子的照片寄给好友，主动分享儿子的近况。等周海婴长大一些后，鲁迅总会抽出时间与孩子一起玩耍，一起读书。

在对周海婴的教育方面，鲁迅认为：要教育好孩子，首先要尊重和理解孩子，否则会影响孩子的成长。

一天，鲁迅在家里请客吃饭。有人从菜馆里叫来了一道鱼丸汤。在吃饭期间，大家都对鱼丸汤赞不绝口，表示鱼丸做得新鲜可口，十分好吃。但周海婴咬了一口鱼丸却说："妈妈，鱼丸味道是酸的。"说着，便将口中的丸子吐了出来。其他人尝了都觉得没问题，妈妈许广平以为周海婴在使小性子，就责备了周海婴几句。周海婴当时很不开心。鲁迅看到此情形，便走过来，把周海婴碗里的鱼丸尝了尝，果然不是很新鲜。然后，鲁迅十分感慨地说："孩子说不新鲜，我们没有查看，指责孩子是不对的。看来我们也需要尊重孩子说的话啊。"

有一次，鲁迅给周海婴买了一个万花筒，只要转动一下，就能隔着一层玻璃，看到里边变化不同的图形和花样。周海婴对父亲送给自己的这个小玩具非常喜欢。但没想到的是，上午才给的周海婴，下午的时候，万花筒就被周海婴拆了个稀巴烂。许广平看到了很生气，便要责罚周海婴。鲁迅并没有责备周海婴，相反，他和许广平说："我不必问也知道，孩子一定是出于好奇，想拆开看个究竟，所以才有这样的行为。"在仔细询问旁边的周海婴后，果然如此。孩子天生具有很强的好奇心，以及探索奥秘的兴趣，这些都是需要家长保护的。正是因为在鲁迅的理解和保护下，周海婴不仅没有靠父亲的名头混日子，反而在自己的努力下，成为一名无线电专家。

鲁迅从来都不认为自己是孩子的家长，就可以随意支配孩子。这一点从给孩子起名字就可以看出来。周海婴出生在上海，鲁迅一家在上海居住，对上海有特殊的感情，就给孩子的名字中取一个"海"字，"海婴"就是上海孩子的意思。鲁迅说，如果孩子长大了不喜欢这个名字，可以按他的意愿去改。

鲁迅懂得如何爱孩子，如何教育孩子。他从来都不会限定孩子的发展，给予周海婴更多的是理解和尊重，这样的家庭教育贯穿了周海婴的一生，让他走出了自己的一片天地。

【家教心得感悟】

鲁迅在对自己孩子的教育上，完全做到了理解和尊重，他能够设身处地地站在孩子的立场上，观察、思考孩子言行的合理性。这是很多家长做不到的。

每一个家长，都应该像鲁迅一样成为开明的家长。父母对孩子最好的爱，就是关注和理解孩子的感受，尊重孩子的独立和选择。家长理解和尊重孩子，在家庭教育中有以下好处：

首先，促进亲子关系。

理解和尊重孩子，是家长与孩子之间建立亲密关系、信任的重要途径。孩子能够得到家长的理解和尊重，就会感受到父母的关爱和支持，从而有助于促进建立良好的亲子关系。

其次，促进家庭和谐。

家庭成员之间的相互不理解和不尊重，会导致整个家庭氛围不睦，甚至产生冲突和矛盾。相反，则会很好地促进和谐、温馨的家庭氛围。

最后，增强孩子信心。

孩子的内心是比较脆弱的。如果做任何事情都会遭到家长的反对和训斥，则会内心受挫，认为任何事情都不能得到家长的认可，从而导致自信心缺失。给孩子足够的理解和尊重，孩子则会感受到自己被重视和被认可，能有效增强孩子的自信心。同时，也有利于激励孩子的个人成长和发展。

家长应当如何做到理解和尊重孩子呢？

1. 站在孩子的立场思考

孩子的世界与我们成人的世界截然不同。在成年人看来索然无味、幼稚无趣的事情，在孩子眼里却是美好有趣、令人乐不可支的事情。父母总是自以为很了解孩子，其实对于孩子的内心真正了解得少之甚少，甚至还会对孩子造成误解。所以，家长不要以自己的思维去看待孩子的言行举止，不要只看事情的表面。要学会站在孩子的立场上，以孩子的身份和心理去思考"孩子这么做是为什么？"从中理解"孩子所作所为的出发点是什么？"

2. 给孩子倾诉的权利

很多时候，在孩子出现一些小状况时，父母总是站在家长的高度，对孩子进行严厉的训斥和批评，没有给孩子任何申辩和解释的机会，导致孩子干脆有什么心里话都不愿意讲出来，不与家长沟通。有的时候，孩子会为自己争辩几句，想要表达自己的观点和想法，但父母直接从中打断。这样，家长既没有聆听到孩子的心声，也没有很好地尊重孩子，会让孩子因为受到委屈而伤心难过。聪明的家长，出现状况时，会给孩子倾诉的权利，及时与孩子沟通，从而更加深入地理解孩子。

3. 尊重孩子隐私和个人空间

如今,有很多家长对孩子的教育,一方面希望孩子能早日成才,另一方面又担心孩子不按照他们的既定目标去发展,就会偷偷翻看孩子的日记、手机短信之类的隐私。虽然是孩子,但他们也或多或少有自己的隐私。作为家长,要懂得尊重孩子的隐私,给孩子留出个人空间。在不触碰道德、规则底线的情况下,不对孩子指手画脚,不拆穿,不打破砂锅问到底,鼓励孩子做自己想做的事情。并且能够在合适的时机,给孩子一些意见和建议,避免孩子走上不正确的道路。

4. 和孩子商量着来

真正尊重孩子的家长,不会事事为孩子做决定、拿主意,而是遇到事情的时候,十分注重孩子的看法和观点,心平气和地与孩子站在平等地位上和孩子商量,征求孩子的意见,比如:"这件事爸爸妈妈想听听你的意见""对于这件事情,爸爸想听一下你的解决方法。"

孩子的成长,需要被理解和被尊重。理解和尊重孩子,是提高父母共情能力的重要手段。父母爱孩子,就要从理解和尊重开始。

———●【思考】●———

· 在日常生活中,您是否能够理解和尊重您的孩子?

· 作为家长,您是以什么方式来了解孩子内心的呢?

第一章　以爱育爱：用爱的沃土滋养孩子心田

用"爱的管教"约束孩子：达·芬奇之父践行爱的教育

【导语】

教育家陶行知先生曾说过：爱是一种伟大的力量，没有爱就没有教育。教育最有效的手段就是"爱的教育"。

【名人家教品读】

在对子女的教育问题上，很多家长头痛不已。不知道该如何管教自己的孩子，才能让孩子，尤其是处于叛逆期的孩子能够欣然接受，以此约束他们的不当行为。达·芬奇的父亲就给广大父母做了很好的示范。

达·芬奇的父亲瑟·皮耶罗·达芬奇，是一名公证人，也是一名律师，在当地颇有名气。在达·芬奇6岁那年，父亲将他送到学校读书。他的第一位老师是一位神父。每天所学的课程，除了拉丁文，就是经书之类的内容，每天除了读就是背，毫无生机可言。对于这样的课程，达·芬奇丝毫不感兴趣。

有一次，神父训斥达·芬奇："你这小子，将来肯定不会有出息。你看你每天只知道乱写乱画，成天幻想自己是一个艺术家，这不是在做梦吗？"当时，达·芬奇正在思考一道数学题，并没有听到神父在说什么。神父见达·芬奇对他的话没有任何反馈，就非常恼怒，直接给了达·芬奇一巴掌。事后，还找达·芬奇的父亲告状。

回到家后，父亲询问达·芬奇事情的缘由，达·芬奇一五一十地告诉了父亲。父亲并没有训斥儿子，因为他知道儿子并没有错。

经过这件事情之后，父亲为了儿子学习方向的问题，也想了好一阵子。父亲觉得，自己送达·芬奇去之前的学校学习，可能并不是正确的选择。

在与达·芬奇相处的过程中，父亲发现，达·芬奇喜欢数学，对绘画也表现出极大的兴趣。他觉得，兴趣是最好的老师，也是成就事业的最好帮手。如果按照达·芬奇的喜好去选择学业，将来一定会收到意想不到的效果，可以事半功倍。刚好自己有一位画家好友，可以当达·芬奇的老师。如果让儿子拜他为师，说不定以后会有一番大作为。

向达·芬奇征询意见后，父亲就将达·芬奇带到那位好友那里拜师学艺。达·芬奇从此开始学起绘画来。有一次，调皮的达·芬奇专门画了一幅面目狰狞的女魔头，贴在父亲卧室对面的墙上。当父亲一开门的时候，一缕阳光照到女魔头的脸上，把父亲吓了一大跳。看着父亲惊恐的样子，达·芬奇哈哈大笑地解释了一番，父亲并没有责备他，还称赞他画得惟妙惟肖。

达·芬奇的父亲，对他的管教没有任何约束，却对他做了最好的管教。

【家教心得感悟】

爱的家庭教育是最好的教育。

达·芬奇父亲对孩子的教育方法，让我们感受到了他在家庭教育方面是一个极具智慧的人。这种教育方式虽然看似不同，但本质上都是对孩子进行管教的时候，充满了浓浓的爱。以一种柔和的、爱的方式对孩子进行管教和约束，远胜于"强迫式教育"。这种家庭教育方法就是"爱的管教"。

在很多家长看来，"爱"与"管"是两个矛盾体，给孩子的爱多了，担心孩子不听话；对孩子管多了，又难以让孩子感受到爱。最后，就逐渐成了既没有爱，又不会管教孩子的家长。

毋庸置疑，天下没有哪个家长是不爱孩子的，之所以在家长与孩子之间产生了隔阂，父母与孩子之间的亲子关系出现了问题，可能根源在于家长错误的教育方式。

如何能做好"爱"与"管"之间的平衡，如何用"爱的管教"来养育孩子呢？

1. 用爱帮助孩子成长

父母的爱是帮助孩子成长的不竭动力。在孩子成长的路上，怯懦、迷茫、犯错误，或者走偏路，在所难免。当孩子怯懦时，父母要用爱的鼓励，帮助孩子重新树立自信心，勇敢尝试向前迈出一步；当孩子迷茫时，父母要用爱为孩子指明前行的方向；当孩子犯错误时，父母要用爱安慰孩子，帮助孩子认识错误，积极改正；当孩子取得进步时，要用爱赞美孩子，帮助孩子再接再厉。

2. 学会向孩子示弱

很多家长在孩子成长的过程中，总是扮演着坚强和无所不能的角色，也因此造就了一个对自己百依百顺的孩子。与此同时，孩子也觉得自己是一个弱者，一切都应该靠父母。孩子的自信心下降，遇到事情会表现得消极和怯懦。

有的时候，家长向孩子示弱是一种智慧的表现，也是对孩子进行爱的管教的有效方法。向孩子示弱，可以给孩子变得强大起来的机会。或许孩子会因此发牢骚，就觉得父母不靠谱，不再任何事情都会寄希望于父母。在锻炼的过程中，孩子会逐渐学会独立，变得更加自信和勇敢。这样比父母对孩子进行强势管教更加有效。

3. 给孩子自由的空间

用"爱的管教"来约束孩子，还需要给孩子自由的空间。有的家长认为，给孩子自由，就意味着对孩子的放纵，会更加肆无忌惮。当然，我们说的"自由"，是一种相对的自由，是在安全范围内、一定规则下的自由。

完全限制孩子的自由，反而会让孩子产生更强的逆反心理，与家长站在矛盾的对立面，使得双方的关系变得僵硬起来。相反，给孩子一定的自由空间，孩子就可以做自己感兴趣的事情，去体验和探索自由给自己带来的好与坏的感受。当自己真正体验过、尝过了自由给自己带来的苦与痛时，他们才能真正明白这种自由对他们是不利的、不友好的，也就自然而然地会放下或停止他们想要的这种自由。

给孩子自由，让他们亲身去实践，比家长苦口婆心地教导更有价值、对孩子的教育意义更加深刻。

4. 让孩子感受到对他们的爱

每一个孩子都渴望得到家长的爱。但很多时候，孩子犯的错，很难让家长不生气、不发怒，甚至忍不住会用斥责、惩罚，甚至冷暴力的方式来管教孩子。这样的管教方式，会给孩子一种家长不爱自己的错觉，会渐渐与家长的关系疏远。

爱的管教，就是在管教孩子之余，还能让孩子感受到家长对孩子的爱。既然想要用爱的方式去管教孩子，就一定要在管教之前，确认我们的这种管教方式，是否能让孩子事后明白、感受到我们对他们的爱。

对于孩子的家庭教育上，爱与管教不可分离。没有爱的管教，会让孩子感到仇恨、抗拒，甚至形成错误的自我认知。用爱的方式去管教孩子，孩子才能感受到，管教其实是家长爱的一部分，既帮助孩子纠正了错误言行，又让孩子珍视这份宝贵的亲子关系。孩子越是觉得被爱，管教也就越容易。

最好的家庭教育，就是有管、有教、有罚、有爱。

●【思考】●

· 回顾您管教孩子的时光，您是用爱管教孩子，还是用粗暴方式管教孩子的？

· 您准备如何用爱的方式来管教孩子？

第二章

品行修养：
好品行成就孩子的好人生

爱是一种感受，被爱的孩子感觉自己是幸福的，懂得施爱的孩子感觉自己是有价值的。家教最重要的一条，就是以爱育爱。以爱为底色的家庭教育，是孩子健康成长的沃土。用爱去不断滋养孩子的心田，用爱不断教会孩子如何去爱，帮助孩子铺好人生的第一块砖，可以让孩子未来走得更远、飞得更高。

鼓励孩子改掉撒谎的毛病：司马池教育司马光诚实做人

【导语】

著名小说家、诗人杰弗雷·乔叟说过：诚实是一个人得以保持的最高尚的东西。诚实做人是每个孩子最基本的素养。

【名人家教品读】

都说孩子不会撒谎，但现实情况是，孩子同样会撒谎。明明偷吃了饼干，嘴角的饼干屑就是最好的证明，但孩子却撒谎说是小狗偷吃了。明明成绩只有79分，却偷偷改成了99分。一两次撒谎侥幸成功了，他们就喜欢上了撒谎，甚至养成了撒谎的习惯。孩子这样的行为，让很多家长感到头疼。毕竟，撒谎并不是好事。长期说谎，会引起孩子性格扭曲，对孩子的成长不利。

孩子的性格和品格，大多与父母有关，与父母的教育方式紧密相连。但很多家长又苦于不懂如何引导。让我们看看司马池是如何教育司马光做人的。

相信《司马光砸缸》的故事我们都耳熟能详，对司马光表现出了沉着冷静、果断、勇敢的品格赞叹不已。却少有人听过司马光父亲教育他树立诚实品格的故事。

司马光出生在官宦家庭，父亲司马池是著名的政治家、史学家、文学家，他教育儿子最重要的一点就是不能撒谎。

在司马光6岁那年的一个下午，司马光和姐姐在父亲的书房外玩耍。司马光看见家里有很多核桃，让姐姐帮他把皮剥掉。小小的核桃，皮非常坚硬，姐姐用手掰了好久也无济于事。姐姐也想过用石头砸的办法，但这样容易把里边的核桃仁砸碎。最后，姐姐不干了。

这时候，正苦于无助的司马光看到有个仆人走过来，然后就向仆人求助。

仆人得知情况后，将司马光带到屋里，然后将核桃放在开水盆里放了一会儿。拿出来后，核桃皮很轻松地就拔掉了。得到了一个完整的核桃仁后，司马光找到姐姐，给姐姐看。姐姐奇怪地问司马光："你是怎么剥掉核桃皮的呢？"司马光晃了晃脑袋，得意地说："是我自己用手掰掉的。"

前段时间，弟弟砸缸救过人，所以姐姐觉得弟弟很聪明，对弟弟说的话信以为真，并连连称赞弟弟，让弟弟教教自己。司马光害怕露馅，在那里兜圈子，就是不愿意说出实情。

当时，正坐在书房看书的父亲将屋外发生的一切看得一清二楚。他放下手中的书，走了出来，看着司马光的眼睛，问道："这是你剥的吗？"被父亲这么一问，司马光瞬间脸红了起来，低下头不敢与父亲对视。父亲当场递给司马光一个核桃，让他重新演示一下。此时，司马光觉得事情再也藏不住了，就将事情一五一十地说了出来。

父亲看到司马光没有继续撒谎，很是满意。他告诉司马光："一个人聪明是好事，但如果仗着聪明就撒谎，就不是好孩子。我希望我的儿子聪明，但更希望我的儿子是一个诚实的人。"

从那以后，司马光牢记父亲的教诲，做人做事，处处实事求是。

直到晚年，司马光依然保持着诚实的品质。有一回，司马光让他的家仆去卖一匹有病的马。临走时，他再三叮嘱："这匹马有肺病，要是有人买马，一定要将实情告诉人家。"司马光的诚实用心，在别人看来不可思议，甚至被人嘲笑迂腐。但他的这种诚实的品质，受到世人的一致好评。

【家教心得感悟】

司马池对司马光的一番教育，对司马光的撒谎行为进行了及时纠正，使得司马光终身受益，让他获得了一生最重要的品质：诚实。

自古以来，诚实是一个人立足于社会的重要品格。对于孩子来说，如果从小就能养成诚实的品质，在今后不仅能赢得他人的信任和尊重，而且对孩子的身心健康发展都至关重要。

在家庭教育中，对改正孩子撒谎的行为，培养孩子诚实的品质，必须从小开始。

1. 关注孩子真实感受和原因

孩子在撒谎时，有的家长上来就对孩子大声斥责，或者体罚。他们根本不了解孩子，不知道孩子究竟为什么要撒谎。一旦这样做，首先要保持冷静，以开放式对话方式，询问孩子撒谎的原因，引导孩子说出自己的真实感受。孩子在感受到被尊重之后，就会更加愿意坦诚交流，家长也更容易了解孩子撒谎的真实原因。

通常，孩子撒谎主要有以下几方面的原因：

第一，害怕家长指责和惩罚。

有些孩子在制造了一些麻烦或者犯了错误之后，因为担心家长指责和惩罚，就会选择撒谎。

第二，受家长言行影响。

孩子的模仿能力很强，家长一句漫不经心的谎话，会被孩子拿来模仿。

第三，想要获得奖赏。

孩子们通常喜欢得到他人的表扬和奖赏。有的时候，为了得到这些，就会去撒谎。

第四，逃避事情。

有的孩子，为了逃避一些事情，就会用谎言来做挡箭牌。比如家长让孩子去做一件事情，孩子极不情愿，就会编造一个谎言，拖延或者直接不用去做。比如家长送4岁的孩子去上幼儿园，孩子不想去，就会撒谎说自己肚子疼之类的话。

第五，取悦家长。

有的孩子，喜欢把自己的一切都形容得很美好，就会撒谎，比如上学表现得很好、很听老师的话、和同学友好相处等。这些都是为了取悦家长的表现。

第六，维护自我形象。

有的孩子私底下会进行攀比，为了不被别人看不起，就会撒谎，吹嘘自己，以此维护自己的面子和形象。

这些都有可能是他们撒谎的理由。很多家长觉得孩子撒谎就是变坏了。其实不然。有的时候也可能是为了不让他人受到伤害。然而，重要的是，家长要明白孩子撒谎的原因，教育孩子说真话的重要性。

2. 不当面拆穿

孩子也是有自尊心的，当面拆穿孩子的谎言，或一味要求孩子坦白，会伤害孩子的自尊，会破坏家长与孩子之间的亲情关系。家长有时候也要有一种得过且过的心态。要让孩子知道撒谎是不好的，爸妈其实知道真相，只是想给他留个面子，希望下次出现问题要说实话，帮助他一起解决。这样，孩子就不会用撒谎的方式来逃避责任。

3. 正确引导与教育

培养孩子诚实的品质，是一件长期且需要耐心的事情。家长要深入到日常生活的琐碎点滴中，对孩子做正确引导与教育。其实很多孩子不和家长说实话，是父母教育方式不正确的原因。当遇到问题的时候，家长基本都是指责孩子，"让你不要……"很少有家长会以亲切、温柔的口吻问孩子"为什么……"。比如孩子在外面结交了一些不好的孩子，这样的孩子在大人眼中不能算是好孩子，但自己的孩子却与这样的孩子来往得特别多。很多家长会命令孩子"少跟他来往"。与这样的孩子来往一定是有原因的，所以孩子表面上撒谎说不来往，以后的任何事情也很少让父母知道，或者会以撒谎的方式平息事情。

但有的家长在处理这样的事情时，会有很好的沟通方式。"我听说你和 XXX 相处得不错，你们关系为什么这么好呢？"这样的方式能很好地缓和家长与孩子之间的紧张氛围。孩子也会跟家长诚实地坦白一切。可能是因为对方帮助过自己，或者一起帮助过别人。如果家长说："但是我看他好像爱说脏话。你觉得呢？"孩子其实也能明白家长的意思，也就是说可以做好朋友，但不能受他的影响。这样与孩子沟通，可以让孩子十分平和地交流，而不是为了逃避责骂而选择撒谎。同时也很好地对孩子进行引导和教育。

当然，家长也可以通过给孩子讲寓言故事的方式，比如狼来了的故事，让孩子认识到说谎会带来的巨大危害。对于社会上那些坑蒙拐骗的不良行为，父母应当及时作为反面案例，用鲜明的态度进行批判，让孩子明白弄虚作假的后果。以此培养孩子成为一个光明磊落的人。

3. 做好孩子的榜样

孩子经常撒谎，家长要自己去回想，自己平时是不是也存在说谎行为，甚至要求过孩子对别人说谎。

家长想要让孩子成为一个诚实的人，应当给孩子树立良好的榜样。首先自己要做诚实的表率，给孩子一个积极、正面的印象。

4. 奖励诚实行为

当孩子表现出诚实行为时，家长要及时给孩子奖励。这里的奖励并不一定是物质上的奖励，也可以是言语上的赞美、一个大大的拥抱等。孩子在收到积极的奖励时，就会感受到诚实行为的良好反馈，自然愿意日后继续保持诚实的优良品质。

对孩子撒谎的行为一定要重视起来，想要孩子改掉撒谎的坏习惯，需要家长与孩子共同努力。

【思考】

· 您是否注意观察过，发现孩子撒谎的原因还有哪些呢？

· 您平时用什么方法来制止孩子的撒谎行为呢？

教育孩子做人要善良：丰子恺强调"为人向善"

【导语】

著名作家、诗人莎士比亚说过一句非常有哲理的话：一颗好心抵得过黄金。教导孩子做一个善良的人，应当放在家庭教育的首位。

【名人家教品读】

在对孩子的教育上，家长必须坚持一些恪守的人生准则。教会孩子为人向善，就是其中重要的一条。

丰子恺是我国现代著名的书画家、文学家、翻译家、美术音乐教育理论家，被誉为"现代中国最艺术的艺术家""中国现代漫画鼻祖"。丰子恺的漫画活泼简约，用简单的笔触就能勾勒出烂漫与诗意。可谓"前无古人，后无来者"。无论男女老少、贫穷富庶，都喜欢品读他的作品。

丰子恺除了因为过人的漫画天赋而为人所熟知，他的家庭教育方法，也非常成功。

丰子恺一共有七个孩子。长子叫丰华瞻，是我国著名作家、翻译界泰斗；次子，丰元草，从事文学、文字编辑工作；幼子，丰新枚，精通数国语言，从事海外专利代表工作；长女，丰陈宝，从事出版编辑工作；次女，丰宛音，从事教育工作；幼女，丰一吟，多才多艺，在文学、书画、翻译方面均有很深的造诣；女儿，丰宁欣，虽是丰子恺的养女，但丰子恺视同己出，曾在杭州大学任教授。

丰子恺虽然孩子多，但在家庭教育方面从未落下。

丰子恺经常教育孩子们要与人为善，爱护世间的一切生命。在丰一吟小的时候，一天她和兄弟姐妹在院里玩耍，经常会一不小心踩死一只蚂蚁。丰一吟当时并没有把这当回事。但有一回，父亲丰子恺恰好在院里陪孩子们一起玩耍，大家突然看到一个蚂蚁窝，旁边又一堆蚂蚁排成队，正在搬家。丰一吟正准备上去踩死这些蚂蚁。丰子恺连忙阻止，说道："蚂蚁也有家，也有爸爸妈妈在等他回家。踩死了他，他爸爸妈妈要伤心地哭的。"

从此以后，孩子们碰到蚂蚁搬家，不但不去伤害它们，还会搬来院子里的小凳子放在蚂蚁搬家的路上，而且还会劝阻路过的人绕道而行。

丰子恺教育孩子保护蚂蚁，目的就是要培养孩子从小有一颗善良的心。丰子恺不仅教育孩子向善，还十分注重言传身教。丰子恺对他人从来没有贫富和等级区分。只要是有人需要帮助，他都会有求必应。

有一位远方亲戚，生活清寒。丰子恺并没有瞧不起这位亲戚，相反得知情况后，每月都会定期给亲戚汇款，用于对他的赡养。就这样一直持续了十多年，从来都没有间断过，直到这位亲戚去世。

丰子恺一直把家里的保姆当作家人一样对待。由于保姆患有高血压，每天要午睡休息，丰子恺从来没有嫌弃过她，也没有因此而将她开除，还为她支付医药费。有一回，家里的孩子找保姆帮自己做一些事情，父亲听到孩子喊保姆的声音，便闻声走来，还让孩子小声一点，别打扰保姆休息。

孩子们对父亲的善举看在眼里，也记在心里，更是用行动和善良对待周围的每一个人。

【家教心得感悟】

丰子恺教导孩子们善良，更是用自己的实际行动向孩子们传递什么叫"为人向善"。这是丰子恺留给孩子们最宝贵的财富。

正如古语所说：人生最宝贵的财富，不是金钱，而是内心的善良和厚道。对于家长来说，教育孩子成为一个善良的人，要远比教给孩子知识和技能更加重要。

"人之初，性本善"。孩子的天性可能是善良的，但后天生活环境以及接触的人，可能对孩子的天性产生不良的影响。有的孩子家长不给买想要的东西，就对家长拳打脚踢；有的孩子在学校霸凌其他同学，甚至因此导致了十分恶劣的后果。这些都是孩子缺乏善良的表现。

相信，作为家长，绝大多数都不求自己的孩子长大后能有多大的成功与成就，但都希望自己的孩子能够善良，能够善待他人。

那么究竟该如何培养自己的孩子为人向善的品格呢？

1. 家长塑造自我模范

孩子每天和父母生活在一起，一言一行都会影响到孩子。想要培养善良的孩子，就需要家长塑造自我善良模范。在平时，待人接物时，要做到用心对人、温和对事，用善心和善行对待身边的人。还可以经常带孩子参加一些公益、慈善活动，用实际行动，给孩子上一课。

其实，为孩子塑造善意的机会有很多，只要我们善于在生活中找到适合的时机，并教导孩子，就可以起到事半功倍的效果。

2. 练习孩子换位思考

很多时候，孩子不知道自己的行为是否会给他人带来伤害，是因为他们在行动之前没有站在对方的立场上感同身受。换位思考，可以让孩子体会到对方内心的感受。家长可以尝试练习问孩子："如果是你被别人这样很恶劣地对待了。你会有什么样的感觉？"同时还可以继续追问："在这种情况下，你希望别人怎样对待你？"当孩子感受到自己的行为可能会给他人带来不好的感受时，就会换一种善良的方式去对待周围的人和物。

3. 灌输良好的言行举止

孩子的言行举止中透露着善意与否。家长在日常生活中，可以从一些简单的言谈举止、礼貌态度来培养孩子良好的言行举止。如"谢谢""请""对不起"等。

4. 鼓励孩子给予他人感情支持

给予他人感情支持也是一种善良的表现。在这个社会上，很多人匮乏的并不是物质，而是情感上渴望获得支持。家长可以鼓励孩子对那些情感上低落的同学、朋友给予情感上的支持。比如，孩子的好朋友考试没考好，心情低落，可以鼓励孩子用暖心、鼓励的话来安慰和为朋友打气，让好朋友感受到友谊的温暖。能够懂得在别人需要的时候给予情感支持，毫无疑问，你的孩子就是一个内心善良的人。

5. 鼓励孩子乐于助人

"勿以善小而不为，勿以恶小而为之。"要告诉孩子，善良之举，不分事情大小。即便是身边的一件小事情，也可以很好地传达善意。比如扶老人过马路、给老人和孕妇让座、帮助年迈的老人拎东西、帮助环卫阿姨捡起被风吹跑的塑料瓶等。

现在的孩子，家长视若珍宝。在家里都是以孩子为中心，对孩子关爱备至。这就使得孩子养成了眼里没有别人的习惯，甚至不知道如何与人有效、融洽相处。培养孩子为人向善的品格，孩子的眼里、心里也就有了别人。这样的孩子，未来必定有良好的人际关系，能获得更加美好的人生。

———•【思考】•———

·您是否注意观察过，孩子平时有哪些善举呢？

·您认为应当如何教育孩子做一个善良的人呢？

谦让不等于懦弱怕事：王羲之教子"敦厚谦让"

【导语】

儿童启蒙书《增广贤文》中有一句话说得非常好："忍一句，息一怒，饶一着，退一步。"合理让步，是人生的大智慧。

【名人家教品读】

在家庭里，孩子与兄弟姐妹之间、与同学朋友之间出现矛盾，对家长来说是一个常见的挑战。家长不仅需要想方设法化解矛盾，还需要家长培养孩子相互谦让的品质。

王羲之有这么一个教育孩子"敦厚谦让"的故事。

王羲之是我国东晋时期的文学家、书法家。但王羲之一生最突出的成就是书法艺术。他的书法艺术造诣很高，自成一派，开创了独特风格的王派书法被后世誉为"书圣"。尤其是他的代表作《兰亭集序》更是被誉为"天下第一行书"，不仅是有名的书法作品，也是一篇脍炙人口的优美散文，受到人们的尊崇。

王羲之有一位好友叫许询，他经常会邀请许询等名士相聚交谈，做诗词歌赋、写字作画。

有一次，王羲之和许询一起到奉化一带采药、游览。由于天色已晚，他们只能在当地找了一家小客栈住下。正当两位好友饮酒相谈甚欢的时候，王羲之听到外面吵吵闹闹。出去一打探才知道，有两兄弟为了争夺家产争吵打架，最后彼此都受了重伤。后来，有人报了官，将弟弟带走了。

在得知事情的起因和结果后，王羲之大为震惊。他脸色沉重，若有所思地对许询说："这兄弟两人竟然能打架到如此残忍的地步，不知道我们以后的后辈会怎么样啊？"

几天之后，王羲之回到家。见到孩子们的第一件事情，就是把自己目睹的一切详细地讲给孩子们听。讲完之后，还专门让人拿来纸笔，写下了"敦厚谦让"四个大字。然后还让孩子们每天抄写和临摹。

但孩子们并不知道父亲写的这几个字是什么意思，就围过来，向王羲之寻求解释。王羲之语重心长地说："敦厚者，庄重朴实也；谦让者，厚人薄己也。为人处世，以德为本，人和为贵，遇事应退让三分。兄弟之间，本同血肉，情如手足，要和外睦内，敦厚谦让，才能光前裕后。若如彼等逆畜，则人所不齿，遗臭万年。切记，切记！"

王羲之在晚年的时候，喜欢上了蔬菜瓜果种植。在收获的季节，他会在果园里转转，看到好吃的就摘下来。然后把孩子们叫过去，让大家分着吃。让孩子们通过一件分瓜果的事情，来培养他们敦厚谦让的品质。

在王羲之的教导下，他的孩子们敦厚温和，懂得退让，彼此之间相处得十分融洽。

【家教心得感悟】

王羲之不但注重对孩子外在能力的培养，对孩子进行书法教育，培养孩子的高雅情趣，还注重孩子内在品格的培养，对孩子进行"敦厚谦让"的家庭教育，使得孩子情趣和涵养兼具。足见王羲之对孩子教育的良苦用心。

我国自古以来，就是礼仪之邦，非常注重与人相处谦和有礼的品质。即便今天，谦和也是一种美德。在人际交往中，谦和的人总能够赢得别人的好感，受到别人的尊重和信任，避免不必要的冲突和摩擦。

孩子与兄弟姐妹、同学之间相处不懂得谦让，为了一件小事与对方抗衡，甚至引发冲突是常见的事情。很多时候，家长对孩子的这种行为进行说服教育，结果收效甚微。

那么孩子为何会出现这样不谦和、不友好的情况呢？原因主要有以下几个：

第一，独生子女家庭。独生子女家庭长大的孩子，非常容易形成一种以自我为中心的性格。由此，便让孩子变得自私自利。但在国家二胎、三孩政策放开后，一直在独享父爱、母爱的独生子女，难以接受弟弟妹妹对父爱母爱的分享。以自我为中心的他们就会和弟弟妹妹出现冲突。

第二，在溺爱中长大。有的孩子在父母的溺爱中长大，父母总是对他们百依百顺，无条件地满足他们的要求。这样也很容易养成孩子自私的性格。这样的孩子，一旦同学群体中有人不依着自己，就会与对方发生冲突。

第三，受父母影响。父母之间经常争吵不和谐，孩子也会受到影响，在与人相处时，也会变得毫无谦让之心。

第四，缺乏规则约束。很多时候，孩子之所以会因为小事而引发矛盾，是因为他们缺乏规则意识，做任何事情都必须要顺着自己的心思来。

那么家长该如何培养孩子谦让的品质呢？

1. 父母言传身教

孩子与父母朝夕相处，对父母的行为十分敏感。父母的相处方式、父母情绪的好坏，孩子都看在眼里。甚至，孩子会在不经意间模仿父母的一言一行，从而养成不好的思想性格和生活习惯。

有什么样的父母，就有什么样的孩子。父母的言传身教，对于孩子的成长来讲，十分重要。父母平时无论是彼此相处，还是与他人相处，都要给孩子树立谦让待人的榜样。

2. 消除孩子"以个人为中心"的意识

孩子不谦和、不友好的行为，主要是因为他们过于以自我为中心。"以个人为中心"是一种自私自利的表现。有这种思维意识的孩子，通常不懂得与人分享、不懂得谦让别人，难与他人相处，很难交到朋友。

家长应当从孩子的思维意识上入手，消除孩子"以个人为中心"的意识。教育孩子说话、做事前多站在别人的立场上，多考虑别人的感受。

3. 鼓励孩子学会谦让待人

家长在教育孩子的时候，要多用身边的实例，或者讲故事，如"孔融让梨"等，鼓励孩子学会谦让和忍让，懂得与他人分享。要让孩子知道"忍一时风平浪静,退一步海阔天空"的道理,明白为了一件小事与人争吵甚至拳打脚踢并不能解决问题,只会让矛盾进一步激化。谦让待人,才能赢得别人的好感。谦让和忍让并不意味着懦弱怕事,而是一种十分难能可贵的优良品质。

4. 让孩子懂得谦让要适中

谦让是一种很好的品质,任何人都喜欢谦让有礼的人。但谦让也要讲究一个适中原则。过分谦让,对孩子并无益处。父母应当告诉孩子,在什么情况下可以谦让,在什么情况下坚决不谦让。

如何做到适中谦让?

(1)坚守原则和底线

在坚守原则和底线的基础上谦让待人,其实是对孩子的一种保护,可以让孩子不会受到伤害。如果没有底线和原则地过度谦让别人,就会使得孩子变得委曲求全,受人欺负。千万别让孩子成为"受气包"。

(2)小事谦让,大事不谦让

生活中,有很多事情有大小之分。在小事上,孩子要谦让,比如分享自己的玩具、在看电视上让着他人等。这样能提升孩子的容忍度,会让人觉得孩子宽容大度,受到人们的欢迎。但在很多大事上,孩子要就事论事,为自己争取正当的权益和利益。比如,和班里同学争当课代表、文体委员等,这些事情上,孩子自然当仁不让。

总之,家长教育孩子,既要培养孩子优秀的道德品质,又要让孩子明白什么才是发挥谦让品质的正确情形。既要让孩子茁壮成长受人喜爱,又不能让孩子被人欺负。

━━━●【思考】●━━━

· 您的孩子平时是否有谦让、分享的习惯呢?

· 您准备如何培养孩子谦让、分享的品格呢?

教育孩子谦虚做人：邓拓的"谦和"家教

【导语】

《菜根谭》中有一句话："欹器以满覆，扑满以空全；故君子宁居无不居有，宁处缺不处完。"这句话用今天的话来说，就是"谦虚受益，满盈招损"。

【名人家教品读】

俗话说："谦虚使人进步，骄傲使人落后"。现在很多孩子在成长的过程中，不是因为看不到自己的优秀而自卑，而是因为自己的家庭条件比较优越、父母比较溺爱，总是觉得自己很厉害，对自己的能力及自我评价过高而变得骄傲自大。他们甚至听不进去任何人的意见和建议。

对于这样的情况，家长在为孩子焦虑的同时，更应当琢磨如何让孩子学会谦虚。

邓拓是我国现代新闻工作者、历史学家、杂文家。他与妻子育有五个子女。在他的一生中，不仅对自己要求严格，对子女要求也十分严格。

邓拓的长子邓云也跟随爸爸的脚步，参军入伍。在邓云入伍三个月的时候，邓拓和妻子去看望他。其他家长远道而来看望自己的孩子，开口的第一句话都会嘘寒问暖，表达对孩子的关心和爱护。但邓拓见到邓云的第一句话，就是郑重地告诫儿子："在部队里，任何时候都不要骄傲自满，不要自己是革命家庭出身就搞特殊化。要搞好团结，学习他们身上的好品质、好作风！"听了父亲的话，邓云在部队里更加严格要求自己，通过刻苦和努力，做出了不少优秀的成绩。

邓拓以身作则，给孩子们树立了良好的榜样，他时刻让孩子们不要骄傲自满，十分注重对子女品质的培养。在邓拓的教育和引导下，他的孩子们长大后都很出色。

【家教心得感悟】

在教育孩子方面，父母的言传身教是至关重要的。邓拓通过自己的行动和态度，为孩子们树立了榜样。邓拓用谦虚的行为准则让孩子也懂得了谦虚做人的道理，获得了谦虚的好品质。

相信，有不少孩子在生活中总是喜欢自以为是，他们不懂得谦虚，总是过度骄傲。平时总会瞧不起同班同学，认为自己无论做什么都是最棒的。还会以高人一等的态度去对待别人。久而久之，孩子逐渐变得自负起来，把视野局限在一个小圈子里，如井底之蛙一般，这样就会严重阻碍自己继续前进的步伐。当一个人过分骄傲和自负，必然会栽大跟头，甚至可能会因为一件事情摧毁其所有的信念体系。

家长应当及时改掉孩子的这种错误思想，培养孩子的谦虚品质。观望焦虑，不如付诸行动。否则等到孩子因为骄傲自负而出问题时，对孩子的危害则更大。

1. 控制表扬频率

表扬孩子可以让孩子觉得自己的言行得到了家长的认可，给孩子带来更多的自信心，同时还能让孩子继续保持优良的行为品质。但家长对孩子的表扬不能太泛滥，不要孩子做一点小事，家长就一顿夸奖。夸奖得多了，孩子就会觉得自己确实十分了不起，自己确实做什么事情都做得非常好，就会让孩子变得自大起来。

2. 让孩子知道天外有天

孩子对于自己的认知是不够全面的，如果自己在某方面、某几方面表现得突出，就会产生一种自己无所不能的错觉。这样很容易产生自负心理。孩子在某一方面做得好，比如字写得漂亮、围棋下得好、画画得好等，的确需要家长的表扬，这是对孩子付出的一种肯定。但表扬的同时，也应当让孩子明白自己做到的事情，别人也都能做到，甚至有人能比自己做得更好、更出色。

3. 家长树立低调榜样

孩子的谦虚品质是在日积月累中形成的，不是一蹴而就的。即便平时在工作中如何厉害，也不要在孩子面前自我吹嘘。能干与否孩子不在乎，因为他没有亲眼看到，他们更加关注和模仿的是自己所看到的家长炫耀的口气。家长吹嘘多了，孩子看多了，自然也就学会了。家长要为孩子树立低调榜样。用正向的言行举止来感染孩子，尽可能在孩子面前做到谦虚谨慎。

4. 教孩子欣赏别人的优点

家长想要纠正孩子的骄傲、自负心理，就要让孩子更加客观地认识自己和欣赏别人、学习别人的优点，而不是活在自己小小的世界里。家长要多带孩子出去走走看看，见更多优秀的人，学习别人更多的长处。

谦虚是品德修养中的一种。家长一定要重视对孩子谦虚品质的培养。当孩子能够做到谦虚谨慎时，也就成了一个有修养的人。

———•【思考】•———

· 您平时注重对孩子谦虚谨慎品质的培养吗？

· 您认为真正谦虚谨慎的孩子应当有哪些表现呢？

正确引导孩子勤俭节约：柳公绰教育子女勤俭持家

【导语】

明末清初朱柏庐的《治家格言》中有一句话：一粥一饭，当思来之不易；半丝半缕，恒念物力维艰。勤俭节约的好习惯永不过时。

【名人家教品读】

现在，人们的生活条件得到了很大的提升，吃穿用度都得到了很大的改善。所以现在的孩子从小就特别幸福。孩子享受好的吃穿用度是好事，但有的孩子却养成了浪费粮食、花钱没节制等坏习惯。这样的孩子，不懂得节俭，如果家长不懂得做好教育工作，很可能会毁了孩子。

在勤俭节约家庭教育方面，柳公绰的教育方法非常值得我们借鉴。

柳公绰是唐朝名臣、书法家。柳公绰从小就品行端正，做事严谨，喜欢读一些圣贤书，所以写出来的文章也典雅方正，深受人们的喜爱。后来，柳公绰也因为他"贤良方正"的品格而被举荐，在朝廷获得职务。

柳公绰的弟弟柳公权、其子柳仲郢、其孙柳璧、柳玭等都在朝廷做官，用"家世显赫"来形容不为过。

柳公绰在治家方面非常严谨，对儿女的教育同样十分严格。

柳公绰在鄂州担任观察使职务期间，有一年，恰好遇到灾荒年月。虽然朝廷为官，家中粮食储备充足，足够养活一家老小，不用担心被饿着或者生活没着落。但柳公绰要求在桌子上只摆一个菜，还让孩子们经常吃野菜。看着桌子上只有一个菜，孩子们表现出十分不解和不满，问道："父亲，虽然这段时间闹灾荒，但咱家又不是揭不开锅，何必把日子过得这么苦？"

听孩子们这么问，柳公绰说："虽然我们家粮食充足，勤俭持家方可细水长流。"孩子们听了父亲的教诲后，很受教育。

【家教心得感悟】

身在显赫富贵之家，柳公绰还能严谨治家，教育孩子们学会勤俭持家，培养孩子勤俭节约的好习惯、好品质。有这样的父亲，这样的教育方式，是孩子们人生难得的幸事。

勤俭节约是我国的传统美德。但很多孩子却与"节俭"两个字渐行渐远，有的孩子挥霍浪费，新买的书包文具不喜欢就扔掉，饭盛多了就倒掉，随意损坏东西也不在乎，形成了铺张浪费的习惯；有的孩子甚至会与同学之间攀比衣服品牌、价格等，在虚荣心的作用下，形成了骄奢之气。这些孩子长大后，不会珍惜别人的劳动成果，做事不懂得规划，对金钱没有概念，也很容易丢失很多宝贵的东西，包括亲情、爱情，最终会影响其一生。

如果发现孩子有铺张浪费的习惯，家长应当给予足够的重视，并对其行为进行教育和引导。

1. 树立勤俭节约意识

家长要帮助孩子树立勤俭节约的意识，在家庭生活中营造"节约光荣、浪费可耻"的氛围，让勤俭节约意识牢牢刻在孩子心中。同时，智慧的家长还懂得培养孩子的自信心和自我价值。让孩子明白，一个内心丰盈的人，即便不用外在奢华的事物过分点缀自己，也会在人群中闪闪发光。

2. 日常小事中培养勤俭节约习惯

勤俭节约无小事。要教育孩子在日常生活中做到勤俭节约的习惯，从细节做起，从点滴做起。要节约每一滴水、每一度电、每一粒米、每一张纸、每一支笔……让孩子懂得，这些东西虽然看上去很不起眼，但只要长年积累，就会积少成多，是一个巨大的数字。因此要勤俭节约，杜绝浪费。

3. 让孩子通过劳动获得所需

越是容易得到的就越不会懂得珍惜。孩子正值上学阶段，所有的开销都来自父母。只要张口和伸手就能得到的东西，孩子自然不会懂得它的来之不易，也不懂得父母赚钱为自己付出的艰辛。家长应当经常让孩子做一些力所能及的事情，如整理屋子、拖地、洗碗、洗菜等，通过完成一项劳动或任务来换取孩子想要的东西。这样，孩子就会很好地体会到劳动果实来之不易，就会更加懂得珍惜和爱惜。

4. 家长起到模范作用

家长的带头作用很重要。在日常生活中，家长自身要做到勤俭节约、爱惜物品。要让孩子明白，确实需要的该买就买，可有可无的该节约就节约，花钱要花在刀刃上，而不是铺张浪费。买东西时，要注重品质，而不是注重品牌。

5. 培养孩子正确的钱财规划能力

很多孩子每年过年会收到一笔不菲的压岁钱，对于这部分钱财，家长应当给予孩子一定的自主支配权，让孩子学会合理规划。将这笔资金以现金的方式交给孩子，用于消费使用。因为用现金支付时，会看得见从手中给出去的钞票，而电子支付则给人一种只是一个数字在减少的错觉。前者比较容易让人感到心痛，也更有利于让人少花钱。同时，为孩子准备一个小账本，让孩子对每一笔支出都做记录，然后每周做一次复盘，看看哪些地方花钱最多，有的东西是不是可以不买。这样，孩子在管理钱财的过程中，就会形成合理的金钱观和消费观，形成不铺张浪费的好习惯。

没有教不好的孩子，只有不会教育孩子的家长。培养孩子勤俭节约的品质很重要，但错误的节俭教育，也会影响孩子的发展，限制孩子的成长。比如以下几种情况：

第一种：吃穿用度太过节俭

如今大部分人的家庭经济属于普通家庭，虽然不是十分富有，但也不至于非常贫穷。家长为了培养孩子勤俭节约的习惯，会在吃穿用度上让孩子节约。比如捡别人穿过的衣服和鞋子等。这样孩子会内心变得十分自卑。

第二种：灌输孩子家庭贫穷的观念

有的家长为了让孩子平时养成节约的习惯，就会给孩子灌输家庭贫穷的观念，欺骗孩子这也买不起、那也买不起。这种行为可能会让孩子认为金钱是万能的，拥有足够的金钱才能获得物质享受。长大后可能会过分关注金钱，过分追求金钱和物质的享受。

第三种：贪小便宜就等于节俭

有些家长会教育孩子：贪小便宜就是在节俭。这种思想灌输，会让孩子形成爱贪小便宜的习惯。在与人交往时，只会想方设法占别人便宜，非常不利于孩子良好人际关系的建立。

这些"畸形化"的节俭，并不是我们所提倡的节俭，是错误的节俭。错误的节俭教育，会给孩子带来伤害。如果有这样的情况，家长一定要及时做自我纠正。别让你的错误教育，影响孩子的一生。

———•【思考】•———

·您的孩子平时有铺张浪费的习惯吗？

·您在培养孩子勤俭节约的时候有哪些好的方法呢？

教导孩子从小尊敬老师：李世民教育儿子尊师重教

【导语】

我国东晋时期道教学者、医学家、科学家葛洪说过："明师之恩，诚为过于天地，重于父母多矣。"尊师重教的品质不能丢。

【名人家教品读】

懂得尊重是孩子做人的必备素养。有的孩子在学校与老师相处得并不好，他们无视老师的教育，给老师起绰号，见了老师不打招呼，故意在课堂上喧闹，故意和老师顶撞，在同学和老师中造成了十分不好的影响。对于这种情况，家长一定要重视起来。

在教育孩子尊师重教方面，唐太宗李世民的教育方法，时至今日也颇有值得借鉴之处。

唐太宗李世民是我国唐代的一位具有雄才大略的明君，他开创了"贞观之治"的唐朝盛世。李世民深谙国家兴旺发达、长治久安之道，更懂得对子女的教育之法。

李世民认为，作为一国之君，培养皇家子孙是国家大事。做好皇子们的教育，首先要将尊师和重教相结合。同时，他也深知自古以来皇子们在皇宫生活，长大后难免会养成骄奢淫逸的坏习惯。为了让皇子们受到良好的教育，李世民就专门请那些德高望重、学识渊博的人做皇子们的老师。李世民还告诫皇子们，一定要对老师恭敬，不能因为自己是皇子的身份，就有违师生礼制。

有一次，长子李承乾的老师李纲因为脚不幸受伤，行动十分不便。李世民得知后，特意赐给李纲一辆车辇，还专门派人去抬辇将李纲抬进东宫为太子讲学。李世民还专门叮嘱李承乾在门口迎接老师,以此表示对老师的尊敬。要知道,在当时社会等级制度非常严格的情况下,平日里能够有权坐轿辇的人,除了皇帝就是他的后妃和孩子们,官员是没有这个资格的。在平日里,李承乾有问题就会向老师虚心请教,而且态度十分恭敬有礼。老师悉心教了很多,李承乾也虚心学了很多。但自始至终,李承乾都秉着严肃恭敬的态度学习。在恩师李纲病逝之后,李承乾还亲自为老师立了碑,以表对恩师教导的感激之情。

李世民任命吏部尚书王珪做四子李泰的老师。有一天,李世民听说李泰在课堂上不尊敬老师,十分生气,当着王珪的面批评了李泰。能受到唐太宗的如此看重,王珪甚是感激,以后对李泰的教育更加严格。倾尽心力去教导李泰。李泰在见到老师之后也不以皇子自居,上课也认真了很多,对老师以礼相待,还经常主动向老师请教。李世民看到李泰的转变,也放心了很多。

李世民严格教育孩子尊师重教的事情,被人们传为佳话,也给后世树立了很好的榜样。

【家教心得感悟】

俗话说,"一日为师,终身为父"。李世民注重对皇子们的教导和培养,也在孩子们中间强调尊师重教。皇子的老师们能够尽职尽责、倾心施教,是与李世民对皇子们有力的家教分不开的。

尊师重教应当是每个孩子都具备的优良品德。只是很多孩子年纪尚小,并没有形成这样的好品德,需要家长进行教育和引导。

1. 教孩子理解老师的用心

有的老师对于孩子则是恨铁不成钢,经常会以一种比较严厉和苛刻的态度去要求孩子。这样的老师,往往不被孩子喜欢。家长对于孩子不喜欢老师的倾诉要耐心倾听,更应当从侧面告诉孩子,老师对他们的管教虽然严厉,但都是在为孩子好。

比如:"妈妈知道你不喜欢老师,是因为老师的教育方式对你来说感到十分严厉。但如果你能换一种思维去想,如果今天这篇课文老师要求你们背诵,但你没背诵下来,老师也睁一只眼闭一只眼地敷衍过去,此时对你来说老师没有逼你背诵，你是开心的，但考试的时候如果恰好考到了要填写这篇文章中的句子，你是不是会后悔自己当时没有好好背诵呢？那么你还会觉得老师让人讨厌吗？"

这样进行引导，就能很好地转变孩子对老师的偏见，进而喜欢上自己的老师，尊敬自己的老师。

2. 不要在孩子面前抱怨老师

很多家长说话不顾及孩子。在与老师教育观念不一致的时候，会当着孩子的面抱怨老师。殊不知，这种消极情绪会在不经意间传递给孩子，使得孩子也对老师产生了不喜欢的情绪，会对老师不尊重，连带着不喜欢老师带的这门学科，上课学习效率就会很低。所以，任何时候，家长都不要在孩子面前抱怨老师，否则家长一时的心直口快，最终吃亏的还是孩子。

3. 帮助老师树立威信和维护形象

没有一个孩子会拒绝听故事的机会。讲大道理或许会让孩子没有耐心去听，但用讲故事的方式去引导孩子，会让孩子乐于倾听，并从中悟出很多道理。家长可以讲一些有关尊敬老师、感恩老师的故事，有助于为老师树立威信和维护形象，让孩子从自我意识里对老师这个职业充满尊敬和敬佩。

4. 正确引导孩子尊敬老师

有的孩子不知道如何表达对老师的尊敬，有的孩子羞于言表。家长应当与孩子之间来一场深入内心的沟通。然后明确孩子表现出不尊敬老师的原因。最后再以正确的方式，教导孩子正确表达对老师尊敬的方法。比如：见到老师，要微笑地向老师问好；上课认真听讲，乐于维护课堂秩序；有问题，向老师恭敬地请教；虚心接受老师的教导和批评；认真完成老师布置的学习任务……

尊师重教是一种传统美德。而且从某种意义上讲，没有孩子对老师的尊敬，也就不会有理想的教育。家长从小教导孩子尊敬老师，是对孩子成长的一种重要投资。

——•【思考】•——

· 您的孩子是如何表达对老师的尊敬之情的呢？

· 您平时是如何教导孩子尊师重教的呢？

第三章

正确放手：
给孩子勇敢面对未知
世界的机会

家长总希望孩子能在自己的关注和管教下茁壮成长，但却总是不自觉地对孩子进行过度掌控，导致孩子没有真正面对和感知未知世界的机会。等长大了需要自己独当一面的时候，才发现从小在家长手掌心中长大，自主性和自信心早已被磨灭。虽然已经成年，却是精神上没有"断奶"的"巨婴"。父母放手，才是对孩子最伟大的爱。

放手让孩子在自主中成长：居里夫人的家教艺术

【导语】

教育家、思想家陶行知说过：要解放孩子的头脑、双手、脚、空间、时间，使他们充分得到自由的生活，从自由的生活中得到真正的教育。家长学会放手，是实现科学育儿的关键。

【名人家教品读】

在现代社会，很多父母对孩子的爱过于深沉，什么事情都亲手操办，任何事情都为孩子做主。这样的父母，就是那种"舍不得对孩子放手"的父母。他们喜欢控制自己的孩子，使得孩子长大后过度依赖父母，做事毫无主见。

居里夫人是著名的物理学家、化学家、科学家，由于对放射性的研究而两次获得诺贝尔物理学奖。居里夫人一生忙于科研工作，但她也十分关注对孩子进行早期教育。

居里夫人有2个女儿，虽然是在单亲环境下长大，但她们并没有因此自卑或性格孤僻，她们自由生长，乐观且优秀。

伊伦·居里从小在实验室长大，继承了母亲的"衣钵"，成为一名科学家。小女儿艾芙·居里，从小没有像姐姐一样表现出对科研的喜爱。居里夫人并没有强迫其像姐姐一样做一名科学家，而是鼓励艾芙自由探索自己感兴趣的事情，并且顺应艾芙的天赋，对她因材施教，后来艾芙成了音乐家。随着艾芙的不断成长，她又开始喜欢上了写作，并在文学方面极有天赋。居里夫人并没有干涉什么，只要孩子喜欢的事情，都放手让她们去追求、去实现。

居里夫人还十分重视孩子的户外互动。她经常陪孩子们散步，亲近大自然；假期的时候，还会带孩子们远行，接触不同的世界、不同的人。在这个过程中，孩子们收获了成功的喜悦，也经历了挫折的痛苦，但这些对于孩子们来说，都是十分宝贵的财富。无论是成功还是失败，孩子们都能通过不同的思维方式去独立解决和应对问题，从而获得成长和进步。在居里夫人的教导下，伊伦和艾芙都成长得健康、强壮，独立自主，不畏困难。

【家教心得感悟】

诗人乔治·赫伯特曾经说过："一位好母亲抵得上一百个教师。"母亲对孩子的家庭教育至关重要。居里夫人根据两个女儿的不同优点和兴趣去培养孩子，她的"放手让孩子在自主中成长"的理念，独特而富有成效，培养出来的孩子是很多家长羡慕的"别人家的孩子"。

孩子犹如充满旺盛生命的幼苗，要成为什么样的人，必须培养得宜，才能发芽、开花、结果。父母如果强行把孩子往自己期待的方向拉，最终只能适得其反。学会放手，才是父母对孩子家庭教育的智慧。

1. 相信自己的孩子能行

孩子能成为什么样的人，与父母的态度有很大关系。父母为孩子操心是人之常情，但很多父母觉得孩子还小，孩子做什么事情都会思虑不周，自我约束能力差，担心孩子会学坏、会不争气、会不如别人家的孩子，所以时时刻刻监督和约束孩子。父母如此焦虑和不安，担心孩子做这也不行，做那也不行，孩子就会逐渐缺乏自信心，使得孩子的潜能得不到发挥。

其实，孩子并没有家长想象的那么弱小、那么差。是因为父母对孩子监督和约束得太多，才使得孩子的勇敢、坚强、应对挫折的能力被完全遮盖了。

2. 给孩子独处的时间

家长不要总是围着孩子团团转，也不要事无巨细帮着孩子做。要给孩子独处的时间。独处是一种更为深刻的自我成长。孩子独处的时候，可以有更多的时间沉淀下来做做深呼吸和冥想，对发生的事情进行思考和总结，衡量出解决方法的利弊。这样能够很好地培养其独立思考和解决问题的能力。当家长在孩子身边时，他们会变得依赖性很强，并不会自己动脑思考问题如何才能得到解决。因此，家长平时尝试多给孩子独自玩耍、思考的时间,对于培养孩子独立能力很重要。

3. 家长克制自己的控制欲

睿智的作家冰心曾说过:"让孩子像野草一样自由自在地生长。"很多时候,孩子唯唯诺诺,缩手缩脚,毫无主见,其实是家长不肯放手的结果。

孩子用蓝色水彩笔画一朵小花,家长觉得花就应当是红色的、粉色的,坚持要求孩子用红色或粉色的画笔去画;孩子喜欢跳舞,家长觉得舞蹈不比武术有用,武术能强身健体、防身护体,就坚持让孩子学武术;放假了,孩子喜欢到田间地头听蛙叫、捉泥鳅,接触大自然,父母觉得孩子整天在泥巴里玩耍嬉戏,很不卫生……

父母总是认为,成年人经历的多、阅历丰富,成年人的思想才是正确的。他们要求孩子必须按照成年人的指导做这做那。他们不顾孩子是否开心,不管孩子是否愿意,将自己觉得对孩子的"好"强加给孩子,觉得孩子这样才能获得更好的发展。其实,这样的教育是错误的。教育的对立面就是操纵。一味地操纵,只会让孩子失去原有的天性,失去童年的乐趣,失去实践的机会,失去原本应该多彩的人生。

家长应当明白,应当克制自己的控制欲,只要不触及法律道德,就放手让孩子自己选择,自己去做。别因为我们的控制欲,让孩子成为一个平庸无能的人。

每一个耀眼的孩子背后,都是家庭教育精心培养的结果。父母除了在孩子饮食起居上给予照顾和关爱,更要在精神上助其成长,培养孩子独立自主的精神与人格。正如居里夫人所说:"教育应该是引导而不是灌输,应该鼓励而不是限制,应该让孩子们在自由的环境中成长。"

适当放手,也是父母对孩子的一种爱的表达。

———●【思考】●———

· 作为孩子的父母,您相信孩子的能力吗?

· 您平时是如何教导孩子独立自主的呢?

给孩子锻炼的机会：比尔·盖茨锻炼孩子独立的能力

【导语】

著名作家阿斯特丽德·林格伦说过："儿童需要管教和指导，这是真的，但是如果他们无时无刻和处处事事都在管教和指导之下，是不大可能学会自制和自我指导的。"给孩子锻炼的机会越多，孩子成长得越快。

【名人家教品读】

生活中，对于孩子的请求，很多家长是没有抵抗力的。有些家长即便孩子没有请求，也会"主动出手"帮孩子解决困难和问题。他们认为，这样做是为了给孩子扫清生活障碍，为孩子无忧无虑地成长铺路。

对于这个问题，比尔·盖茨有不同的看法，也有不同的教育孩子的方式。

在比尔·盖茨有了孩子之后，一位竞争对手说，比尔·盖茨以后将要有很多时间花在孩子身上，这样就有机会超越比尔·盖茨。但比尔·盖茨并没有像这位竞争对手所说的那样，把大把时间花在孩子身上，而是从小就培养孩子的独立意识。并不是比尔·盖茨为了竞争，不爱自己的孩子，而是觉得孩子能够自己独立了，自己也就不必事事亲力亲为了。更重要的是，他认为，要想让孩子成为优秀的人，重要的一点就是要培养孩子的独立性和生存能力。

在实际中，比尔·盖茨的确是按照这种思维去教育孩子的。

在孩子上学的第一天，比尔·盖茨亲自带孩子去学校报到。将孩子送进教室后，比尔·盖茨告诉孩子："今天我们已经认识了到学校的路，从明天开始，爸爸妈妈就不再接送你上下学了。一是我们没时间；二是你已经知道该怎么去学校了，没有必要再接送你了。"

比尔·盖茨说到做到。自此以后，比尔·盖茨的孩子每天要早上独自穿过三条街去学校，放学后再自己走回来。有时候即便顺路从孩子学校门口经过，也不会接送孩子，哪怕刮风下雨，他都坚持让孩子独自上学和回家。

有一次，正在孩子放学的时候，来了一场大雨。孩子全身湿漉漉地跑到马路对面的商店屋檐下，然后顺着屋檐能够避雨的地带小心往家的地方跑去。比尔·盖茨和妻子当时正坐在车里路过学校门口，看到了眼前这一幕，内心感觉心疼极了。但并没有追上去，喊孩子坐车回家。

比尔·盖茨告诉妻子："我知道你很心疼孩子，当然我也是。但培养孩子的独立性，不仅仅是让孩子具有独立的意识和态度，而是需要让孩子亲自去经历和锻炼。只有这样，孩子才能学到相应的知识和技能，才有能力用各种有效的办法去自行解决问题。"

【家教心得感悟】

尽管生活富裕，家庭条件很好，尽管孩子上学可以享受车接车送的待遇，但比尔·盖茨却并没有富养孩子，甚至比普通家庭的父母对孩子还要严格。他更多的是给孩子锻炼的机会，让孩子在锻炼中变得更加独立。

授人以鱼，不如授人以渔。做父母，就应当像比尔·盖茨一样，要懂得通过锻炼，让孩子变得坚强、独立。给孩子留下精神财富，其重要性远胜于物质财富。

那如何让孩子通过锻炼变得独立与坚强呢？

1. 鼓励孩子自己的事情自己做

每个人的人生，都是靠自己一步步走出来的。家长如果把孩子的所有事情都揽过来，事事亲力亲为，不让孩子动手做任何事情。这样会让孩子缺少自己动手的机会，进而导致缺乏自理能力和独立能力，长大后很难独立生活，很难适应社会。

不要让自己成为"保姆式"的妈妈。凡是孩子自己能做的、凡是孩子自己的事情，家长都要放手让孩子自己去做。一方面，让他们感受父母每日为自己操劳的不易；另一方面提升他们的自我动手能力。

2. 鼓励孩子尝试接触新鲜事物

很多家长认为，孩子的主要任务就是学习，好的学习成绩是对自己付出的最好回报。所以，孩子每天都过着两点一线的生活。无论家里还是学校生活，每天都像重复过了同一天。没有接触更多新鲜事物的机会。

家长应当鼓励孩子勇敢面对和尝试新事物，比如，参加体育比赛、参加夏令营活动等。这些正是培养孩子独立思考能力和解决问题能力的最好历练。

3. 通过游戏培养孩子独立的能力

爱玩是每个孩子热衷的事情。游戏看似是一种娱乐方式，但它对孩子的锻炼以及能力的提升作用，不容小觑。在玩游戏的过程中，家长不要随便介入，否则会夺去孩子独立游戏的乐趣。不但可以锻炼孩子的逻辑思维能力，还可以锻炼孩子独立自主的能力。孩子在思考和自主动手的过程中，可以逐渐学会独立寻找目标并解决问题。

在孩子不同的年龄段，用从简到难的游戏来逐渐提升孩子的学习和发展。同时，孩子在玩的过程中，也会意识到自己决策和行为会对游戏产生的影响，逐渐学会独立思考和做出决策。

人生最伟大的投资，就是对孩子的培养；人生最重要的事业，就是对孩子的教育。家长不一定要给孩子多少财富，给孩子多么富足的生活，但一定要培养孩子自给自足、独立生存的能力，让孩子成为最好的自己。

————●【思考】●————

· 您平时舍得让孩子做各种苦活累活去历练吗？

· 您是用什么方式来锻炼孩子的独立能力与坚强意志的呢？

过度庇护容易把孩子"养废"：王永庆教育孩子独立

【导语】

著名诗人、画家纪伯伦说过：你们可以庇护孩子的身体，但不能禁锢他们的灵魂。孩子的灵魂栖息于明日之屋，那是你们在梦中也无法造访之境。想要毁掉一个孩子，最快的方法就是过度保护。

【名人家教品读】

如今的孩子，基本上都是在家长的庇护下成长，大事小事都由家长全权安排，甚至孩子在遇到任何困难之前，都有家长提前为孩子排除万难。有的家长却喜欢放任孩子去做自己该做的事情。家长到底该不该庇护孩子？我们看看王永庆是怎么做的。

王永庆是台湾著名的企业家，被誉为中国台湾的"经营之神"。他共有9个孩子，每个孩子都被培养得出类拔萃。他的三女儿王雪红，不少人认为王雪红承袭了父亲"拼命三郎"的性格。王雪红是HTC创始人、董事长，她还收购了威盛、宏达等企业，成为英特尔这样的全球芯片公司强有力的竞争对手。此外，她还成了香港电视广播有限公司的股东，在2022年6月20日担任联想集团独立非执行董事。如今，王雪红本人已成为台湾女企业家中的首富。

王永庆从小严格教育自己的孩子远离骄奢之气，每个孩子未成年就被送到国外独自求学。王文洋是王永庆的长子，从小就被给予了极大的期望，希望他能够成为自己的接班人。在13岁的时候，王文洋就被送到英国留学。17岁进入伦敦大学皇家学校，先后获得物理与企业管理硕士。24岁获得化工博士学位。在学成归来后，在绝大多数人眼中，王文洋肯定是要进入父亲企业高层工作，没想到被父亲安排到基层岗位。由于工作干得好，才一步步晋升到协理职务。王文洋从小到大做什么事情都是靠自己，从来没有在父亲的庇护下成长。

王雪红也不例外。在15岁的时候，就被父亲送到美国读高中。平时，手里只有少得可怜的零用钱，还不够自己买书用。在这个人生地不熟的地方，身边也没有亲人照顾，对于一个小姑娘来说，艰难可想而知。所以，王雪红不得不利用寒暑假去勤工俭学，补贴自己的日常花销。父亲还要求王雪红每周写一份汇报信，记录和总结学习和生活感悟，还要交代花销情况。每笔开支都要报告，连小小的日用品也不例外。王永庆规定，如果不写家书，就没有生活费。而且还规定，子女对每周的零用钱做一个合理预算，超过预算的消费，需要子女申请并做用途说明，否则就会受到严厉的指责。父亲这样的做法，使得王雪红从小就养成了精打细算的习惯。

王永庆送子女到国外求学，是为了阻断爷爷奶奶对孙辈的宠爱，减少对孩子的庇护。要求孩子写家书，是为了锻炼孩子独立生活的能力，也借机向子女传授企业管理概念。也正是因为离开了王永庆的庇荫，孩子们很早就掌握了找资源、找资金、自行创业的能力。

【家教心得感悟】

在王永庆的精心教导下，孩子们没有得到父亲的庇护，却因此养成了独立的习惯。

对比当下，在很多父母眼中，孩子是弱小的，需要百般呵护。孩子有困难，家长总会第一时间冲在孩子前面为孩子解决掉。不让孩子帮忙端菜，害怕孩子被烫伤；不让孩子使用剪刀，担心孩子手指被剪伤；不让孩子和朋友交往，担心孩子被人欺负……这些担心都是对孩子的过度庇护。过度保护可以给孩子带来安全感，但这也让孩子各方面的发展受到了极大的阻碍，限制了孩子探索和学习的机会。

孩子会因此认为，自己所生活的这个世界，一切都是美好的。这样的孩子，接触的人少、接触的事也少，对外界事物没有很好的判断，不知道哪些是对自己真正有害的、有威胁的，哪些是安全的、可以触碰的。孩子终归要长大，终归要离开父母，父母不能成为孩子一辈子的"保护伞"。当他们进入社会，受到一点挫败，就会不堪一击。他们对外界的一切没有任何适应能力、抵御能力和解决问题的能力。这样的孩子，长大后很难在社会中生存。

父母庇护孩子的出发点，绝对是为了孩子能更好地成长和发展。但不得不说，很多时候无休止的庇护，反而妨碍了孩子的成长。

真正睿智的父母，往往都懂得教育的真谛，懂得凡事过犹不及的道理，更不会让自己的孩子变得弱不禁风、过度依赖和懒惰。培养坚强、独立、勇敢、有责任心的孩子，就要父母学会大胆地放开双手，让孩子独自去面对挫折，想办法独自应对各种挑战，让他们感到自己有力量去面对人生。

1. 了解何时放手

随着孩子年龄的增长，孩子凭借自己的能力，能够独立去做的事情越来越多。比如，根据自己的意愿独自做决定、能够承担一些责任等。这就是父母可以开始放手、不需要父母庇护的信号。

放手，并不等于随时随地放手，而是根据孩子的年龄、内心的成熟度来判断何时才是放手、不需要父母庇护的最佳时机。

对于小学生，只要在辨别是非对错上没有问题，就可以放手；

对于青少年，只要不做违法的事、不做违背道德的事、不做伤天害理的事，父母就不要做过多的干涉，应该任由他自己发展。

2. 慢慢放手

家长对孩子放手，也应当掌握节奏。如果对孩子平时的关照太多，对孩子的保护太多，家长对孩子放手，则需要循序渐进。

这就好比带孩子去公园学自行车。刚开始的时候，父母要手把手、寸步不离地教孩子，尽量减少孩子的摔倒次数。慢慢地，当孩子掌握了平衡，可以连续蹬几圈的时候，父母就可以跟在后面扶着座椅，给孩子一个辅助力作支撑。当孩子可以连续正常骑车的时候，父母就可以遥望孩子在公园骑车的背影。当孩子完全可以上道，能独立骑车上下学之后，父母就可以完全不用跟随与陪同。

所以，家长放手要循序渐进地完成，而不是突然为之。过快或过激地放手可能会让孩子很不适应，感到不安和压力，效果反而会事倍功半。

3. 正确引导

在我们明白何时放手、怎样放手之外，还应当知道，除了单纯地放手，还可以做些什么。那就是在放手的过程中，要对孩子做正确引导。

虽然说，放手是让孩子自己去体验、分析、总结的一种行为，本身就是对孩子成长的一种无形的引导。但放手的过程中对孩子做思想上的引导，或许会让孩子印象更深刻，收获更多。

比如，家长可以刻意让孩子带着自己过马路。当看到有人闯红灯时，家长不必马上去评判这件事的对错，避免强化和放大，而是轻松陈述事实："你知道这样闯红灯是危险的。"同时，还要对孩子遵守交通规则的意识和行为表示认可："你刚刚没有跟随前面的人着急过马路，做得很对。"

放手和引导是相辅相成的。负强化和正强化应用自如，能起到很好的引导作用。家长才能更安心地放手。

放手的守护比不断地庇护更重要。只有尝试过挫折和失败，孩子才能从中不断总结，吸取经验教训，才能更好地应对将来的各种挑战。当然，放手不等于不爱，不等于不关心，不等于不帮忙。放手更不是"放养"和放任。有效的、恰当的放手方式，可以成就更加独立、更加优秀的孩子。

————●【思考】●————

·您对孩子有没有表现出过度庇护的行为？

·您觉得应当如何放手，让孩子独立呢？

给孩子"不近人情"的教育：鲁伯特·默多克母亲的"无情"教育法

【导语】

教育家、作家马卡连柯说过这样一句话：一味地抱着慈悲心肠为子女牺牲一切的父母，可以算得上最坏的教育者。做父母，对孩子的教育，有时候就是要"狠"一点。

【名人家教品读】

对于孩子来讲，一项非常重要的能力，就是独立能力。尤其是随着孩子年龄的增长，有很多事情都需要孩子通过自身来完成的，如果不具备独立的能力，孩子永远也长不大。

关于如何培养孩子的独立性？我们从鲁伯特·默多克母亲的教育方法中可以学到一二。

鲁伯特·默多克是世界传媒大亨，著名的新闻和媒体经营者。他出生于澳大利亚，在创业成功后，控制了整个澳大利亚 2/3 的报纸业，他还是《太阳报》《泰晤士报》等知名报纸的股东。他还拥有英国天空电视台、美国福克斯电视网等。在互联网兴起之后，他转向投资一家专门拓展互联网投资的金融企业，成为该企业的重要合伙人。

这位巨商的成功，有很大一部分原因，在于其母亲伊丽莎白的精心教育。

鲁伯特·默多克的父亲凯斯·默多克是一位颇有成就的报业人士，曾因为成绩突出，被澳大利亚政府授予爵士头衔。

鲁伯特·默多克的母亲伊丽莎白·格林是一位十分有主见的女性。

鲁伯特·默多克有三个姐妹，他是家里唯一的男孩子，父母从小对他寄予厚望。在对鲁伯特·默多克的教育上，父亲对他十分骄纵，母亲则十分严格。她经常带着鲁伯特·默多克修理花园中的杂草，打扫自己的房间，还让孩子亲自照顾他的马匹。鲁伯特·默多克刚开始觉得好玩，还是会顺从着去做的。可是两三次之后，鲁伯特·默多克便十分不情愿地抱怨："这些都是大人该做的事情，为什么让我这个小孩子去做呢！"母亲看了看鲁伯特·默多克不满的脸庞，说："这世界上没有任何东西是凭空而来的，总要通过努力劳动获得的。"

为了让鲁伯特·默多克从小就能勇敢、坚强和独立，母亲专门在花园为他建造了一个小木屋。每天，家人在一起吃过晚饭后，母亲就劝说鲁伯特·默多克晚上去木屋睡觉。刚开始的时候，母亲亲自陪他，等到鲁伯特·默多克入睡后，就离开小木屋。后来，鲁伯特·默多克渐渐地喜欢上了这个木屋。母亲就让鲁伯特·默多克独自去木屋睡觉。除了严寒的冬天，春夏秋季节，每天如此，一直坚持了好几年。

其间，父亲也有过于心不忍的时候，本想打退堂鼓，但母亲却坚定地说："我认为让孩子独自睡木屋是有很多好处的。他要学会独自适应外面的一切，现在就是最好的时候。"对于小木屋，鲁伯特·默多克是这样评价的："小木屋其实真的挺不错的，里边有灯、有床，还有萤火虫，十分美妙，对我来说，没有什么不好的。"

在10岁的时候，鲁伯特·默多克被送到了寄宿制学校。原本有很多学校可以选择，但母亲认为，寄宿制学校是一个让孩子快速成长的地方，那里的生活能够教会鲁伯特·默多克如何与其他人相处，对于鲁伯特·默多克的成长大有益处。这个寄宿制学校位于墨尔本西南的海边，冬天的时候寒风刺骨，是世界上最寒冷的地方。父亲担心孩子不适应这里的生活，但事实上鲁伯特·默多克觉得这里是他学生时代中最快乐的时光。显然，父亲的担忧是多虑了。

这里的教员们都博学多识，对孩子们的教育也都恪尽职守。鲁伯特·默多克不但学得了丰富的知识，还养成了独立思考的习惯。他每次一吃饭，就自己洗盘子。他还积极参加学校活动，比如学校组织学生开垦荒地，他还在学生社团中崭露头角，成为学校里的"风云人物"。也就是在这个时候，他担任了校报编辑，开始与媒介接触，为他之后进军报纸业打下了基础，也成就了鲁伯特·默多克成年之后的成功与辉煌。

【家教心得感悟】

伊丽莎白让一个孩子从小参加劳动，喂马、扫地、修花园，还让孩子独自住小木屋，适应自然界的黑暗。这些对鲁伯特·默多克特殊的教育方式，在人们看来有点"不近人情"。但也是因为这些"不近人情"的教育，锻炼了鲁伯特·默多克的适应能力与胆量，使得不论处于什么样的环境里，他都能够及时调整自己，以适应变化的世界。这样的能力，是每个人在长大后步入复杂的社会和职业中，都希望自己所具有的能力。

可是，今天我们的一些家长，总是千方百计地让孩子过上最好的生活，不让孩子吃苦，结果孩子变得越来越娇嫩，独立性越来越差。这样的孩子，长大后如何独自面对和适应外界的各种变化？如何能在复杂的社会中很好地生存？此时家长如果还不肯不放手，其实是在害孩子。

做"不近人情"的家长，做"不近人情"的教育，该如何去操作呢？

1. 有分寸、有尺度

作为父母，让孩子尽早独立，是一份最大的职责。家长放手，对孩子"不近人情"，也要讲究分寸和尺度。如果家长对孩子"太狠心"，不论外界环境和条件多么恶劣，都让孩子从原来的"舒适区"直接进行转换，压力和不适应让孩子不但没有得到锻炼，没有提升自己的独立适应能力，反而会因此变得胆小，甚至身体因为突如其来的大转变而受到创伤。这样，"不近人情"的教育就起不到积极的作用。

反观鲁伯特·默多克的母亲，在这方面就非常睿智。她让鲁伯特·默多克睡小木屋，只选择春夏秋三个气温暖和舒适的季节，而不是选择因严寒可能会冻伤孩子的冬天。

2. 与尊重相结合

孩子虽小，但也是一个有思想的个体。他们做什么事情都有自己的想法和意愿。父母在对孩子"狠一点"的时候，也要给予孩子充分的尊重。在这个基础上，给孩子指出方向，设立必要的规则，这才是最高级的教育。

伊丽莎白虽然不近人情地让鲁伯特·默多克去木屋睡觉，将鲁伯特·默多克送入寄宿制学校，但这些都是基于鲁伯特·默多克对木屋、对寄宿制学校没有排斥心理，或者是基于喜爱才得以成功的。否则，如果伊丽莎白强行将鲁伯特·默多克塞进木屋和寄宿制学校，最终的效果也未必是好的。所以，对孩子"不近人情"的教育，还需要与尊重相结合，尊重孩子的意愿，才更容易成功。

3. 不轻易妥协

坚持原则，并没有那么容易。很多孩子会使用各种方法迫使父母妥协，终止这种"不近人情"的教育。比如用不吃饭来抵抗、坐在地上耍赖、撒谎身体不舒服等。如果家长因为心软、因为面子就向孩子妥协，那么下一次孩子还会故技重施。对父母来说，"不近人情"的教育，最难做的就是"狠心"二字，绝不能随便改主意。

唯有父母对孩子"不近人情"，才能帮助孩子在日后成为足够优秀的人。如果今天逼了孩子，明天他成功了，他会感激当年你对他的不近人情。如果今天没有逼孩子，明天他一事无成了，他会埋怨你当年对他太过放纵。与其前者，不如后者。

──●【思考】●──

· 您对孩子的教育会"不近人情"吗？

· 您在培养孩子的过程中，是如何对孩子"狠"的呢？

靠天靠地不如靠自己：刘荫枢的子女教育观

【导语】

培根曾经说过：子女中那种得不到遗产继承权的幼子，常常会通过自身奋斗获得好的发展。而坐享其成者，却很少能成大业。这就是成功只能靠自己的道理。

【名人家教品读】

常言道："在家靠父母，出门靠朋友。"这是很多家长对孩子的劝导。但是很多孩子不但吃穿用度依靠父母，日常事务也全都依赖父母。等真正成年之后，就会发现，靠天靠地不如靠自己。

让我们看看刘荫枢的教育观是怎样的，他是如何教育子女的。

刘荫枢出生于清朝时期，是陕西韩城潭马村人，从小就聪颖好学，志向远大。韩城是一个交通十分不便的小县城，这里多山多水多沟壑。有一条小河叫濩水河，水深齐腰，终年流淌不断。桥上有一座桥，每当有暴雨的时候，这座桥就会被冲断，影响行人的去路。刘荫枢小时候经常与小伙伴来河水边玩耍，每当看到这个情形，刘荫枢都十分感慨，他面对此情景，曾经说过："我将来长大了一定要为韩城人修一座牢固的大桥，让人们以后不必再受河水阻隔之苦。"

康熙八年（1669年），刘荫枢中了举人，七年后又中了进士，随后官路一直升迁，直至户部侍郎。他每次回家探亲，都要特意去濩水河看看，心中依然没有忘却儿时立志要做的造桥大事。

由于刘荫枢清廉爱民，勤于国事，也做出了很多政绩，受到了朝廷的赏识。康熙四十一年（1702年），刘荫枢再次回家探亲时，决定用自己的全部积蓄修建大桥。他亲自设计图纸，并标明施工的具体要求，还写信告诉韩城知县，由县府出面造桥，还特意言明，所有的费用都由他一人承担。

听闻这件事后，刘荫枢的子女们纷纷反对："您当了这么多年的官，我们什么好处都没有享受到。您却将自己的全部积蓄拿出来造桥，您有没有想过我们日后的生活？"

刘荫枢此时恍然大悟。自己一辈子光明磊落，洁身自好，却唯独忽视了对孩子的教育。

终于，历经五年的时间，这座桥修建完成。竣工那天，刘荫枢专门把孩子们叫过来告诫他们："我将自己的全部积蓄拿来修桥，是想要告诉你们，人一辈子，自己的路自己走，靠天靠地都不如靠自己。"

为了彻底断了孩子们依赖父母的念想，刘荫枢以三两银子的价格卖给了韩城县，并立下契约："以三两银子的价钱将桥卖给韩城县，此后该桥永属韩城县所有，与刘家无关，绝不反悔，立据为凭。"之后，刘荫枢语重心长地对孩子说："我造桥是为了百姓，现在卖桥是为了你们。你们要靠自己的力量去生活，这才是我最大的愿望。"刘荫枢的所作所为以及他的胸怀深深地打动了他的孩子们，也因此，他的孩子们也像父亲一样，最终都成长为国家的栋梁之材。

如今，这座桥历经几百年岁月更迭，依然横卧在澽水河上，这是刘荫枢功在桑梓的见证，更是他教育子女自食其力的活教材。

【家教心得感悟】

刘荫枢不给孩子依赖父母的机会，让孩子独自撑起自己的生活，提升自己的生存能力。刘荫枢的这种子女教育观，让我们不得不折服。

古人尚能如此，而我们当下的很多父母却没有刘荫枢这样的魄力。家长应当如何做出改变，降低孩子对家长的依赖呢？

1. 教会孩子基本生活技能

孩子做得好不好，关键在于启蒙老师教得好不好。家长是孩子的第一任老师，与孩子朝夕相处，孩子哪些不会做、哪些做得不好，对孩子最为了解。家长可以让孩子经常参与家务活动，让孩子学习一些基本的生活技能，如洗衣服、收拾房间、整理衣服、叠被子、择菜洗菜、做饭、拖地等。这些日常事情，孩子只要自己学会了，就能自己去做了。家长就不要再插手提供无效的帮助了。

2. 设置合理的生活自理能力目标

如果孩子事事懒于自己动手，事事依靠父母，家长可以尝试通过设置合理的生活自理能力目标，调动孩子的自我动手能力。

可以先设定一些有关生活习惯的目标，让孩子通过阶段性训练，从最简单的目标开始，逐渐加大难度，逐渐提升孩子的动手能力。这样，孩子每完成一个目标，就会感到十分有成就感，也会非常乐于进入下一个训练阶段。在不知不觉中，孩子的动手能力就会有很大的提升。当然，孩子的每一次进步，都需要家长给予及时的奖励，对孩子的目标达成表示认可。奖励的形式还要注意多样化，孩子才有新鲜感和兴趣，才会更加期待、更加努力。

如果做得不好，家长也切忌拿别人家的孩子做比较，更不要训斥孩子。此时，重要的是需要家长对孩子进行耐心鼓励和引导，让孩子有信心重新努力去完成。

3. 鼓励孩子善用外部资源

作为父母，在孩子有困难和问题的时候，不是急于为孩子解决困难和问题。而是应当鼓励孩子有很多外部有价值的资源可以拿来加以利用。要让孩子明白，生活不是孤立的，只要善于发现，总有很多资源能让我们的问题迎刃而解。

4. 鼓励孩子自主探索与试错

鼓励孩子自主探索，也是一种培养孩子独立自主能力的好方法。孩子因为年龄小，接触的事物、经历的事情有限，他们的眼界和思维需要不断开拓，才能在需要的时候，想出有效的解决办法。在遇到问题时，家长不必立即提供答案和解决方案，而是要鼓励孩子自主探索，并对问题解决方法进行试错。在试错的过程中，才能更好地在孩子脑海中形成方法、结论和技巧，孩子应对问题和困难的能力才能获得实实在在地提升。

5. 断了孩子的依赖念头

很多时候，孩子对家长的依赖，是因为父母一次次"忍不住"造成的。对于事事依赖家长的孩子，家长要学会断了孩子依赖的念头，否则孩子永远都不会主动。

比如，孩子早上起来拖拖拉拉，不愿意自己穿衣服、不愿意自己洗漱、不愿意自己收拾书包，想要家长帮忙去做。家长此时要下定决心，忍住不去帮忙。告诉孩子自己的事情必须自己做。等到孩子全部做完，到了学校迟到，被老师批评了之后，就再也不敢磨蹭，不敢依赖父母了。

所以，家长要耐得住性子，表明自己的原则，让孩子意识到无法从父母那里得到帮助，就会断了依赖父母的念头。

孩子的依赖心太强，无法自立，对于父母和孩子都不是好事。其实，孩子无法独立，很大一部分原因在于家长没有把手放开。我们总想着做"满分"家长，让孩子的成长之路事事顺遂，且因此让孩子产生了依赖心理。这就好比教孩子学习走路，将孩子抱得越牢，越怕孩子摔倒，孩子越难以学会走路。放开手，让孩子靠自己独自前行，孩子才能真正成功地迈出人生的第一步。

放开手，才能看到孩子更多的潜能；放开手，孩子才能靠自己走出更加绚丽多彩的人生。

——•【思考】•——

• 您家孩子平时做事情都是靠自己吗？

• 您会如何培养孩子的自我动手能力呢？

让孩子养成独立自主的好习惯：陈鹤琴的"习惯教育法"

【导语】

风险投资之王约翰·杜尔说过一句话：教育不是灌输知识，而是激发幼儿的潜能，引导他们养成良好的习惯和自主能力。让孩子的事情自己做决定，也是一种对孩子自主能力的培养方式。

【名人家教品读】

有很多孩子，在日常生活和学习中，什么事情都犹豫不决，难以做决定，甚至渴望父母给出选择。这其实是孩子自主能力差的表现。孩子成长过程中，自主能力的培养，是家庭教育的重中之重。很多家长也为此而感到头疼和焦虑。

陈鹤琴是中国著名儿童教育家、儿童心理学家，中国现代幼儿教育的奠基人，被誉为"中国现代儿童教育之父"。陈鹤琴主张从小事情中培养孩子的自主性与独立性，为孩子将来的成长打下坚实的基础。在对自己孩子的教育过程中，陈鹤琴十分注重培养孩子独立自主的好习惯。

儿子陈一鸣在1岁半之前，陈鹤琴天天用药水棉花帮他清洗口腔。到了1岁半之后，就用小牙刷轻轻地帮他刷牙。当孩子3岁的时候，陈鹤琴就让孩子照着自己教的方法学习独自刷牙。

起初，孩子不喜欢自己刷牙，陈鹤琴就用各种方法对他进行暗示。比如，有一回，陈鹤琴专门在卫生间贴了一张彩色图画，画中有三四个和陈一鸣年龄相仿的孩子，他们各自拿着水杯和牙刷在那里开开心心地刷牙。平时，家里大人刷牙的时候，也会叫陈一鸣一起刷。当陈一鸣刷完牙之后，陈鹤琴就会抓住时机对孩子称赞一番："呀，你的牙齿白了好多，好看多了。"孩子听了很开

心，也就渐渐地养成了自己刷牙的习惯。除此以外，陈鹤琴还教会了孩子自己洗脸，用完后自己将毛巾挂在规定地方的好习惯

陈一鸣小时候，吃饭用自己的桌椅盘匙。吃饭前，大人先给他围好围兜，然后他自己在一边先吃。陈鹤琴认为，这样有利于孩子养成良好的进食习惯。等到孩子长大些，就可以与家人一起吃饭，享受团聚之乐。

至于睡觉，陈鹤琴认为，孩子最好从小就独自睡一张床。在孩子还幼小的时候，与大人同睡一张床方便就近照料，但同时也影响孩子睡眠，容易养成孩子依赖家长的习惯。孩子独自睡觉，有助于培养起独立自主的精神。如果担心孩子蹬开被子受寒，可以用被子将孩子包裹住即可。

陈一鸣小时候就已经开始独自睡一张床了，在稍微长大些之后，就开始独自在一个房间里睡觉。刚开始在一个屋里睡觉的时候，陈一鸣有些害怕，喜欢抱着东西，开着灯睡觉，后来陈鹤琴就慢慢地帮他改掉了这些习惯，让他能够更加安静地入睡。

陈鹤琴认为，孩子独立自主的习惯也是孩子身心健全的一部分。身心健全的孩子才是幸福的。

【家教心得感悟】

很多家长都会认为，孩子还小，很多事情他们自己做不来，所以平时诸多事情都会惯着孩子。其实，孩子不能独立的坏习惯，绝大多数是来自于家长的宠溺。陈鹤琴为了让孩子从小就养成独立自主的好习惯，从日常的吃、喝、拉、撒、睡等多方面入手，可以说是事无巨细。

如果不能做到独立自主，不仅孩子终身受其累，家长也要因此操劳很多。培养孩子独立自主的好习惯，对于家长和孩子，双方都是受益的。

1. 给孩子独立自主的机会

父母总是喜欢把孩子攥在自己的手里，不让孩子做任何他们以为孩子做不了或者可能对孩子造成危险的事情。他们认为，只有这样孩子才属于自己，只有这样自己才会安心。其实，如果家长选择放手，那么孩子的表现未必像家长想象的那么差，甚至还会表现出更加优秀的潜力。家长不妨给孩子一些独立自

主的机会。

生活中，我们经常会碰到选择题，穿什么衣服参加班级活动；选择报名当文体委员还是劳动委员；选择爸爸去开家长会，还是选择妈妈去开家长会；周末去哪里玩等。这些看似微不足道的选择题，实际上可以锻炼孩子的自信和独立思考的能力。

从客观角度来讲，父母的过度掌控，对孩子有害而无益。父母多一些放权，孩子就多一次独立自主的机会。

2. 正确使用暗示法

让孩子第一次独立去做一件事情，对于孩子来说，可能会因为害怕，或者担心做不好被家长批评等，而产生抵触心理和行为。此时，如果家长"硬着来"，势必会让局面变得僵硬，双方形成对峙之势。

教育孩子，让孩子察觉到家长意图越少，教育效果越显著。所以，教育孩子的时候，并不需要家长大声训斥，也不需要用那些令人不愉快的命令、要求等去逼着孩子去做。暗示可以影响人的思想，指导人的行为。在教育孩子的过程中，一个巧妙的暗示，可以达到事半功倍的效果。

像陈鹤琴的图片暗示、语言鼓励暗示，就能用一种迂回战术，巧妙地"点"出来，让孩子在一种柔和的氛围中接受教育。

3. 给予指导和示范

孩子独立自主的好习惯不是一天养成的，需要家长耐心培养。如果孩子做不好，家长不要第一反应就是去责备孩子，而是要及时给予认真教导和示范。通过一步步引导，让孩子看会、学会，孩子自然就不会抵触去做日常生活中的事情了。不抵触，就是培养好习惯的开始。

为孩子操碎心，远不如培养孩子独立自主的好习惯。"鞭长莫及"，孩子脚下的路，终归有一段路是要靠自己走的，放手让孩子学会独立，是在解放自己，也是在帮助孩子成长。

第三章　　正确放手：给孩子勇敢面对未知世界的机会

──●【思考】●──

· 您孩子平时是否自己的事情自己做呢？

· 您是如何培养孩子独立自主的好习惯的呢？

第四章

严宽有度：
孩子教育须有度

孩子的家庭教育是每位家长必须面对的挑战。对孩子的管教必须要有理、有度、有方针，保证既能约束孩子行为，又能让孩子感受到父母的爱，欣然接受父母的管教。家庭教育的中庸之道，才是真正的育儿智慧。

教育孩子要宽严适度：傅雷的教育观

【导语】

胡适说过，教育孩子要"爱而有度，严而有格"。宽严有度才是科学的家庭教育方法。

【名人家教品读】

在教育孩子这件事上，很让家长感到头疼。对孩子管得太严，担心孩子出现逆反心理；教育得太松，担心孩子太过放纵，误入歧途。究竟该宽一点还是严一点呢？我们看一看傅雷在教育孩子的时候是如何做的。

傅雷是现代翻译家、作家、教育家，翻译过很多知名作家的著作，包括巴尔扎克、罗曼·罗兰、伏尔泰等，是一个文化修养极高的人。傅雷的妻子朱梅馥是一个具有东方文化素养也接受过西方文化洗礼的女性，曾经学过钢琴。他们的大儿子傅聪，是著名的钢琴家。

傅雷在家长扮演着一个严厉、尽职尽守的父亲角色，对傅聪严加管教。

傅聪在8岁的时候，就受到家庭的熏陶，表现出对钢琴的兴趣和天赋。傅雷决定对儿子好好培养。他经常向傅聪提出音乐方面的建议，还建议儿子每天至少拿出六七个小时来练琴。

在儿子参加钢琴比赛前，傅雷叮嘱儿子，要熟悉比赛用的钢琴，为比赛做好准备。还告诉儿子，不要在心理上有太大的压力，尽力为之就好，要劳逸结合，保持身体健康才是最重要的。当儿子在比赛中获得优异的成绩时，傅雷却没有表扬儿子，而是提醒儿子，自己未来的音乐路还很长，还需要继续努力，不能因为这一次的好成绩就骄傲不前，要放眼长远，为未来着想。

傅雷也是一个对孩子充满关爱的朋友、知己。他经常坐下来，与儿子面对面攀谈人生和艺术。用自己的亲身经历帮助儿子解决疑惑,并教导傅聪,做人要谦虚谨慎,要懂得反省自己。在傅聪长大后,傅雷经常用书信的方式与傅聪进行情感交流,陪伴儿子在成长之路上不断进步。这就是傅雷的教子之道。

【家教心得感悟】

傅雷对儿子的教导,既严又宽。在学习和为人处世上,严格要求儿子;在比赛前让孩子劳逸结合,在取得好的成绩后,要求儿子不要满足和骄傲,做到了宽严结合。

在对孩子的家教问题上,"宽"与"严"并不冲突,只要掌握一个"度",就可以让孩子的管教达到恰如其分的效果。这就好比制作器皿,火候稍大或稍小,用的力大或力小,都会影响成品的合格与否。

如何做到真正宽严有度的家庭教育呢?有以下几个原则:

1. 抓大放小

"抓大放小",就是在大的原则问题上要严格,在细碎的事情上要适当放宽松。就像给孩子画的一个圈,这个圈就是大原则,只要不出这个圈,就能保证孩子不会误入歧途。在圈里,孩子可以根据自己的意志做自己的事情。因此要抓住"严"与"宽"的侧重面。

"抓大""抓小"具体应当抓什么?

"抓大"包含了公序良俗、道德、品行、三观、规则、习惯等。"抓大",可以让孩子成为一个优秀的人。

"放小"包含了孩子的性格、小脾气、喜好、兴趣、无关紧要的小错误、没有处罚原则的小举动等。"放小"可以让孩子在家长的严格要求下,感受到家长的包容和理解。

2. 审时度势

不审视即宽严皆误。不同的家庭,民主化程度不同,孩子的客观实际不同,也决定了家庭教育把握宽严的分寸。

比如，对于乖巧听话的孩子，适当宽一点；对于桀骜不驯的孩子，稍微严一点。对于温和敦厚的孩子，要适当宽一点；对于刚烈暴躁的孩子，要适当严一些。对于有不良行为的孩子，家长要果断阻止，严格规范，严厉惩罚，切不可放松。

3. 严中有爱

在教育孩子的过程中，严宽结合，才能让对孩子的管教更加适度，更加容易让孩子接受。

（1）严而有理

家长严格要求孩子，也要有合理的依据和解释。既能利于孩子身心的健康成长，又能让孩子心悦诚服地接受。

（2）严而有信

对孩子严格要求，一定要贯彻落实，做到言而有信。切记"有令不行，有禁不止"。这样会使得对孩子的管教雪上加霜。

（3）严而有方

家长对孩子严格管教，要寻找一种理想的方法。用心沟通，远胜于喋喋不休；用平等的交流代替体罚。这样更有助于让孩子考虑家长的感受，进而尊重家长的意见。

对于孩子的管教，有的问题上要严格，有的方面要宽松。把握好火候，才能真正做到宽严适度，达到最佳的教育效果。

———●【思考】●———

· 您在教育孩子的时候是如何把握宽严这个度的呢？

· 您认为什么时候该严格，什么时候该宽松呢？

第四章　严宽有度：孩子教育须有度

教育孩子要做到严慈平衡：闻一多的育子法

【导语】

著名教育家陶行知说过：幼儿比如幼苗，必须培养得宜，方能发芽生长。这句话非常值得广大家长深入思考。

【名人家教品读】

孩子在成长过程中，会受到家庭氛围、同学行为、社会现象等各种因素的影响，导致思想和行为上的偏颇。如果不纠正过来，对于孩子成长是百害无一利的。

闻一多是我国近代诗人、学者、伟大的爱国主义者。由于受过中西文化教育，闻一多在教育孩子方面，既秉承中华民族优秀的文化传统，又借鉴了西方现代文明成分。在孩子心中，闻一多既是一位严父，也是一位慈父。

说他是严父，是因为他对孩子的要求十分严格；说他是慈父，是因为他对孩子总是表现出一颗无比仁慈的爱心，对孩子的身心成长都十分关心。

1945年1月，闻一多一家搬到了昆明翠湖之滨的西仓坡西南联大教职工宿舍楼里。这栋宿舍楼里住的人很多，闻一多一家八口人挤在一间半的房子里。为了节省，这里既是一家人生活居住的地方，也是闻一多办公的地方。家里稍微有吵闹声，闻一多就无法办公。

担心吵到闻一多工作，大人和小孩子都十分体谅他，尽可能到后院做家务或者温习功课。

闻一多的次子闻立雕，小的时候十分贪玩，放学回家不做作业是常有的事。父亲几次三番喊他回来做作业，他撒谎说老师没留作业。闻一多一眼看穿孩子的小把戏，一个箭步过来拿起鞋子就朝着闻立雕打过去。闻立雕边躲闪边嚷嚷，后边父亲追赶着要打孩子，母亲在一旁极力劝说……这样的场景在闻一多家里已经成了家常便饭。闻立雕对父亲的这种"体罚"方式十分不满，还经常带着弟弟妹妹向父亲"讨伐"。

年幼的小女儿，是一个爱耍性子的孩子，经常在家里上演"大闹天宫"的戏码。有一次，她稍有不如意，就扯起嗓门大哭，家里无论谁也哄不住、制止不了。

这样一来，在一旁忙着工作的闻一多，思绪也全被打乱了。情急之下，他拿出严父的威严，快步走过去，抱起小女儿，放在膝盖上，挥手就朝着小女儿的屁股连打带吓地打了她一下。谁知，这一下非但没有制止小女儿大哭，反而哭声愈发大了起来。孩子的大哭声，大人的劝阻声夹杂在一起，屋里一下子乱成一团。

当时，看热闹的闻立雕不知道哪里来的胆子，"蹭"一下窜到了父亲面前，大声叫道："爸，你每天都在说民主、民主，怎么在家里就从来不讲民主呢？你怎么总是动手打小孩子呢？"说完后，闻立雕自己也不知道哪里来的勇气，敢这样质问父亲。只是在那里紧张地等待着来自父亲的一场"暴风雨"。没想到，父亲只是沉默了一会儿，似乎思考着什么，并没有发脾气。之后，闻立雕也想了很多，每每回想起父亲打孩子的场景，其实父亲并没有真的打，也没有打多狠，只是象征性地做做样子。父亲虽然看上去对孩子很严厉，但内心对孩子的爱比谁都深。

有一回，闻立雕因为贪吃，吃坏了胃。闻一多得知后，十分不放心，因为工作没法亲自去学校，就专门让保姆把自己养身体用的牛奶带到学校。闻立雕咕咚咕咚喝完之后，才知道，那是父亲没舍得喝专门留给他的。第二天，闻一多还是不放心，又十分着急地带着药，自己去了学校。经过这件事，闻立雕也对父亲的这份深沉的爱有了更加深刻的感受与理解。此后，闻立雕也不再像以前那样贪玩，变得懂事了很多。

【家教心得感悟】

闻一多用严慈相济、刚柔相宜的方式来教育孩子，既能让孩子产生对家长的敬畏与谨慎之心，又能让孩子很好地感受到来自家长的爱。这样的教育方式，可以说是多一分太过严格，少一分太过宠溺。不多不少，刚刚好。

相比有些家长，要么是"棍棒式教育"，对孩子严加管教，只要稍越雷池半步，就会严厉斥责，用棍棒使劲抽打树立威信。这种教育下成长的孩子，做什么事情都会缩手缩脚，没有主见，会激增孩子对父母的怨恨。

要么是"供奉式教育"，孩子无论提出的要求合理与否，都会一律满足，对孩子不良行为放任不管，该训诫时反而夸奖孩子。这种教育方式很容易导致孩子为所欲为、骄纵跋扈，认为即便犯错也是理所应当，没什么大不了。

闻一多的严慈相济教育法，更能对孩子起到很好的教育作用。什么是严慈相济的家教方式呢？许多家长将"严"和"凶"画等号。认为对孩子打骂就是"严"，打骂得越"凶"就是对孩子越"严"。这样的"严"容易给孩子留下身体上的疼痛，还会给孩子带来心灵上的创伤。严慈相济就是在教育孩子的过程中，既要严格要求，不迁就，不放任，又要对孩子慈爱为怀，给孩子足够的体贴、关心和爱护。

家长究竟该如何把握严与慈之间的平衡呢？

1. 营造有爱、有要求的成长环境

家长要时常向孩子表达爱意，给予孩子温暖，让孩子感受到被在乎，让孩子感觉到，父母是爱自己的，家庭是温馨的、有爱的。同时，家长还应当学会站在孩子的角度和立场，用共情的力量感受和理解孩子的内心，并以协商的姿态，向孩子提出要求，让孩子知道自己在家庭中的价值，以及应当主动承担的责任。

2. 表扬和批评要做到实事求是

鼓励与赞美才是他们成长的动力，而不是嘲笑与贬低。被表扬的行为是孩子努力的方向。家长表扬孩子，是对其良好行为的肯定与认可，能够给孩子带来喜悦和快乐，能更好地促进其上进。表扬也不能只简单地说："你真棒"。这样的表扬太空洞，不具体，无法让孩子明白自己为什么受到表扬，容易养成骄傲的习惯，最终导致听不得半点批评。

正确的表扬方式，比如："你最近学习很认真，写的作业也很工整，让人看了赏心悦目。"

批评孩子，也应当如此，要做到趁热打铁，实事求是，同时要就事论事，直指事件本身，而不是批评孩子本人。批评的时候，也不要因为当前的一个小错误，延伸到其他事情上，这样只会让孩子产生抵抗心理，甚至明知自己错了，也坚决不承认错误，坚决不改。

3. 动手打孩子要"有爱"、有分寸

没有谁会主张打孩子，父母要用智慧的方式去教导孩子，有的时候，父母善于用巧妙的方法，不打不罚，孩子就能听话认错。但家庭教育无法做到"一刀切"。有的孩子，父母苦口婆心地讲道理、教导，可是怎么也听不进去，父母只好用最不得已的教育手段，就是动手打孩子。家长养育孩子，既要养，又要育。育的方法有很多，打孩子是最差的一种。

——●【思考】●——

- 您平时教育孩子是"严慈相济"的吗？

- 您是如何做到的呢？

用规矩修正孩子的品行：范仲淹的育子方法

【导语】

《淮南子》中有一句话：矩不正，不可为方；规不正，不可为圆。在对孩子的家庭教育方面，同样是这个道理，没有规矩来约束，孩子难以形成良好的品行。

【名人家教品读】

"不以规矩，不能成方圆。"孩子要形成良好的习惯，拥有正向的品行，为孩子立规矩很重要，没有规矩，不讲纪律，无疑会阻碍孩子的成长成才。

范仲淹是北宋时期的政治家、文学家，世人皆知范仲淹是文学大家，却鲜有人知道范仲淹在育子方面也有十分独特的理念。

范仲淹出生在一个贫苦的家庭，使得他从小就养成了节俭朴素的生活习惯。后来，即便入朝做了大官，每月都能领到不少的俸禄，但他依然保持着这种良好习惯，而且还经常去接济穷人。

为了让孩子们也能秉承这种良好的习惯，范仲淹特意给孩子们立了规矩，定下了《亦庄规矩》，共十三条，对家中人口的吃穿用度、嫁娶丧葬费用等做了明确规定，同时还表明，如果遇到乡里乡亲有生活贫困，遭遇饥饿不能度日的，要伸出援助之手等。范仲淹用条文的形式，对全家人员规定了行为准则，教导儿孙做人要勤俭节约，积德行善。

有一年秋天，范仲淹的二儿子范纯仁准备要结婚。范纯仁深知父亲的家规十分严厉，想要操办一场隆重且奢华的婚礼，难以实现。但他考虑到，成家立业是人生大事，衣服、家具这些最基本的东西还是要置办一些的，父亲应该会应允。但是未婚妻子和岳父那边就不好交代了。置办得稍微好一点，妻子和岳父那边自然高兴，但父亲这边的家规却难以通过。

思索了半天，他壮着胆子拟出了一个购买物品的清单，其中有一两件是稍贵一点的物品，他想着这样或许父亲会同意。范仲淹看到清单后，面孔立刻严肃了起来，说道："纯仁，你打算购买那两件贵重的物品，是要破了我们家的家规吗？婚姻自然是大事，但这与节俭冲突吗？你怎么可以借着'人生大事'而去做奢侈浪费之事呢？"

范纯仁惭愧得满脸通红，他低着头向父亲解释道："咱们范家崇尚节俭，我从小就是知道的。准备买这两件贵重的用品，我也知道错了。但是我的未婚妻想要用罗绮做幔帐，而且她的父母也出面提出，婚礼上气派是要有的，碍于情面，我也没敢坚持不买。"

范仲淹听了大怒，大声说道："你知道自己错了，我也就不再追究你的过错。但是，我们范家几十年以来都是以节俭为荣，奢华为耻。婚礼上用罗绮做幔帐，岂不是坏了我范家的家风？情面事小，家风事大。如果你执意要坚持用罗绮做幔帐，我就把它在院子里一把火烧掉！"

最终，范纯仁的婚礼办得十分简朴，到场的同僚们都称赞连连，范纯仁也从中受到了很大的教育。

【家教心得感悟】

范仲淹用立规矩的方式，让孩子懂得，任何情况下，任何人都必须遵守规矩，无一例外。立规矩并不是限制孩子的自由，而是让孩子们根据规矩做人、做事，从而形成良好的品格修养。

培养一个孩子有家教、有修养，离不开规矩的约束。有规矩的活泼叫自由，无规矩的活泼叫放肆。

这就好比牧场里，在栅栏里边随意奔跑的牛是自由的；跃出栅栏外的牛到处撒野就会受到牧场主的干涉。

所以，孩子缺乏最基本的习惯和品行，就需要用规矩去修正，这样孩子能够终身受益。

1. 规矩什么时候立最好：从小立规矩培养好品行

孩子在一天天长大，行为品行也在一天天形成。如果孩子小的时候父母没有立规矩，那么孩子随着年龄的长大就会为所欲为。父母应当从小就给孩子立规矩，培养孩子的好品行。

给孩子立规矩越早越好。幼儿时期，是孩子塑造性格的黄金期，也是习惯培养的关键期。父母此时在孩子眼中就是权威，这时最容易引导孩子，让孩子形成良好的习惯。幼儿时期孩子接纳新东西比较快，这个时候立规矩，孩子学得更快，并且不容易排斥。如果孩子在恶习中长期无人进行正确引导，就会根深蒂固。此时，家长父母即使花大力气去矫正，也会非常困难。

2. 规矩包含什么内容

给孩子立规矩的目的，是培养孩子的好品行。生而为人，必须要学会做人、做事的规矩，这些规矩应当包含：餐桌礼仪、生活习惯、学习习惯、尊重他人、诚实守信、遵守纪律、勤俭节约、尊老爱幼、文明礼貌、宽以待人等。这些是培养孩子好品行的最基本规则。

有的家长会担心，给孩子立的规矩太多、限制太多，会让孩子变得畏首畏尾，不利于孩子的身心发展。可以在不同年龄段，根据孩子不同的认知能力，设立规矩。

3. 规矩如何立

对于立规矩，通常有的家长会担心，在孩子稍微长大些后，就有了自己的思想和意愿，有的时候不一定会执行规矩怎么办？

给孩子立规矩，让孩子守规矩，也要讲究方式方法。

那么究竟该如何立规矩才能让孩子乐于接纳并欣然执行呢？

（1）与孩子共同参与规矩的制定

很多时候，孩子不愿意执行，大多数原因在于家长单方面制定规矩，没有孩子参与其中。执行规矩的对象是孩子，而不是家长。尊重孩子，让孩子积极配合，就需要在规矩制定的时候让孩子就参与进来。只有孩子在内心里对规矩真正认同，才会认真地、自觉地去遵守和执行。

在和孩子一起制定规矩的时候，要让孩子明白几个问题：

制定规矩的目的是什么？

违反规矩的后果是什么？

（2）父母是守规矩的表率

有的时候，家长一边给孩子立规矩，一边自己又在做着破坏规矩的事情。

比如：自己边吃饭边玩手机，全然不顾旁边孩子凝视的眼神；自己过马路闯红灯，却要求孩子遵守红绿灯规则等。

当父母是守规矩的表率，即使不用言语，孩子也能像家长一样自觉遵守。行动比言语更具力量。

4. 规矩执行原则

在孩子执行规矩时，要注意以下原则：

（1）坚持，不妥协

给孩子立规矩不难，难的是孩子能够坚持执行。比如，说好的一天只玩半小时手机，孩子却到时间了还要继续，家长不允许，孩子却哭闹、撒娇，家长一心软，就妥协了。孩子的试探有了第一次的成功，就会有第二次，规则也就渐渐地成了一纸空文。给孩子立规矩，首先家长的态度一定要很坚定。孩子感受到家长内心的坚定，领略到试探的失败，以后即便不情愿也只能坚持下去。

（2）执行到位

执行规矩，就要执行到位。敷衍、马虎执行，只能逐渐破坏了规矩。比如，早上起来送孩子上学，再不出发就可能会迟到，却发现孩子自己整理书包还没整理完，父母为了提高效率，就亲自动手帮孩子快速整理。这样，孩子以后也会破坏规矩，对家长产生依赖心理。

父母之爱子，则为之计深远。孩子就应该从小立规矩，否则长大后就会有人给孩子"长教训"。修正孩子的品行，让孩子变成一个更优秀的人，需要孩子长期坚守规则才能实现。同时也要注意规矩的合理性与科学性，根据孩子的实际情况来制定。在孩子遵守规矩的同时，才能更好地感受到家庭的温暖。

———•【思考】•———

· 您为孩子制定规矩了吗?

· 您是用什么方法让孩子遵守规矩的呢?

"量刑"惩罚保护孩子人格：马克·吐温的"自选式"惩罚

【导语】

家庭教育作家唐·艾里姆说过：掌握好责骂与训斥的方法与技巧，才能达到教育的目的与效果。不当的责罚，不知不觉中会伤害孩子。家长惩罚孩子，并不是为了惩罚而惩罚，而是为了唤起孩子内心的警觉和改变。

【名人家教品读】

孩子犯错是很平常的事情，这也是教育孩子的最佳时机。如何教育，确实是一门技术活。必要的惩罚还是要有的。惩罚的目的，是使得孩子能够以立竿见影的方式获得自我反省，让他们的心灵受到洗礼。

马克·吐温的另类惩罚方式，能给我们带来一些有益的启示。

马克·吐温是世界著名短篇小说大师，他是一位十分出色的作家，也是一个十分特别的父亲。马克·吐温一家五口，有三个女儿，他们家是一个充满平等、民主、尊重的和睦大家庭。马克·吐温从来不以长辈的身份训斥孩子，但孩子有了过失，马克·吐温也绝不姑息，而是让他们当场就记住教训。

一天，阳光明媚，马克·吐温打算带着全家人到附近的一个农庄去旅行，孩子们十分兴奋，因为这是他们期待已久的事情。他们已经开始憧憬着这样的情景：全家人坐在堆满了干草的四轮马车上，有说有笑，朝着郊外驶去。一路上，田园风光美不胜收，让人心旷神怡。

可是，在出发前，大女儿苏茜因为一点小事，冲动地打了妹妹，惹得妹妹放声大哭。见此情形，马克·吐温并没有上去直接斥责苏西，而是和颜悦色地问她："这是怎么回事呢？"苏西把事情的经过一五一十地告诉了父亲，她也意识到自己的错误，主动向父母承认了错误，并请求原谅。但是，马克·吐温很早就给孩子们制定了家规，苏西既然做错了，就必须受到应有的惩罚。至于要受到什么样的惩罚，马克·吐温让苏西自己提出来，母亲同意后，就可以执行。

苏西想了半天，反复权衡之后，最终说出了惩罚自己的方法："今天我留在家，不和大家一起去旅行了。这对于我来说，是非常痛苦的，它会让我永远记住，不再重犯今天的错误。"说完，苏西跑回了房间，趴在床上伤心地哭了起来，既因为不能去旅行而感到遗憾，又因为自己犯错而感到懊悔。

马克·吐温对女儿选择的惩罚方式十分理解，他知道这种惩罚方式对她有多大分量。多年之后，马克·吐温回忆起当时这件事情说："并不是我让苏西那么做的，是她自己选择的。可是一想到可怜的苏西因此而失去了和家人一起出游的机会，至今我依然感到痛苦。"

【家教心得感悟】

马克·吐温对孩子的惩罚方式十分新鲜有趣，通过"量刑"的方式，既让孩子乐于接受惩罚，也体现出了一个父亲对孩子的慈爱；既尊重和保护了孩子的人格和尊严，显得民主和宽厚，又没有纵容和溺爱，让孩子在自我反省中受到很好的教育。马克·吐温的这种惩罚方式十分高明。

真正科学、有效的惩罚，即便家长不需要怒斥和责打，也能让孩子主动吸取教训，约束自我行为，以后不再犯同样的错误。

1. 不要用发火代替惩罚

在发现孩子犯错误后，很多家长的第一反应，就是大发雷霆，大声训斥孩子，希望孩子能记住教训。但实际情况是，孩子会将注意力放在父母的情绪上。有的孩子会因此而害怕，不知所措。有的可能当时被父母给镇住了，但慢慢地会发现，自己犯错父母只是发火而已，并没有好办法来制住他。这些显然对于帮助孩子改正错误，起不到任何的教育效果。家长的威严也会就此失去。

2. 提前制定惩罚措施

提前制定惩罚措施很有必要。在和孩子沟通后，一起制定一些惩罚措施。这些惩罚措施，目的是针对孩子犯错行为进行惩罚，有助于让他们长记性。

制定惩罚措施，需要遵循以下原则：

（1）提前约定

有些父母，平时很少与孩子沟通。只是等孩子犯错了，就抓住不放，对孩子一顿批评教育。觉得这样，孩子就明白这件事情不能做。孩子毕竟是孩子，在理解能力方面与成人之间是有差距的。家长不妨在平时就将自己的希望、要求、规则等全部拿到桌面上来，给孩子讲清楚，并与孩子之间达成共识甚至约定。这样，孩子就知道什么该做，什么不该做。

（2）方式灵活

惩罚孩子，最重要的是如何通过科学的处罚方式，让孩子记住这次犯错的经历。惩罚孩子不能简单、粗暴，缺乏理智，需要的是灵活。可以根据共同约定，让孩子自由选择惩罚方式。这样能让孩子对惩罚的记忆更为深刻。

（3）维护孩子自尊心

惩罚并不是体罚，更不是要对孩子心理造成伤害。惩罚是一种教育手段，处理不好会让孩子难堪，伤害孩子的自尊心。惩罚孩子的前提，是尊重孩子的人格，而不是专制与强迫。

3. 坚决执行惩罚

孩子犯错后，口头上表示自己做错了，父母一心软，就免去了惩罚。这样孩子会认为，只要敷衍地认个错，就可以不用受惩罚。孩子急于承认错误不过是为了避免父母惩罚的一种妥协。孩子犯错成本降低了，很容易再次犯同样的错误。这种看似积极的应对方式，却带来了消极的处理结果。所以，不要把希望寄托在孩子积极认错的态度上，而要让孩子通过惩罚，记住教训，从内心深处和行为上做到一致。孩子犯错，要根据规矩说到做到，坚决执行惩罚，才能更有威信，让孩子不敢再犯。

教育孩子的时候，适当的惩罚很有必要。但能够将惩罚做到灵活多变、能维护孩子尊严和人格，才真正达到了教育孩子的目的。

——•【思考】•——

·您认同马克·吐温惩罚孩子的方式吗？

·您还有什么样好的惩罚孩子的方式呢？

对孩子责罚要酌情：朱熹的育儿法

【导语】

著名哲学家、社会学家、教育家赫伯特·斯宾塞说过：谈论家庭管教问题的人所犯的错误，就在于把一切过失和困难全部归到儿童身上，而认为父母毫无责任。孩子犯错，家长不明缘由地惩罚和批评只会让孩子越错越深。

【名人家教品读】

孩子犯错不要紧，重要的是及时纠正。最重要的，往往不是孩子犯了什么错误，而是家长怎样对待孩子的错误。正确地对待可以挽救一个人，而错误地对待则可能毁掉一个人。

朱熹是我国南宋时期著名的教育家，他的教育思想对后人影响深远。

朱熹在《朱熹教子》一文中，以一种父亲对儿子的深情与期望，阐述了自己的教育理念。原文如下：

"盖汝好学，在家足可读书作文、讲明义理，不待远离膝下、千里从师……念之！念之！'夙兴夜寐，无忝尔所生。'在此一行，千万努力。"

字里行间体现了朱熹对孩子的殷切期望和深沉的父爱。朱熹指出：如果儿子十分好学，那么在家里就可以读书写作，探究学问的真谛。但是他深知儿子离家去求学，很难做到自律。于是，他希望儿子在外奋发图强的时候，要勤奋谨慎，改掉自己的坏习惯。还勉励儿子要早起晚睡，勤奋学习，不要辜负父母的期望。

朱熹在《朱子家训》当中，强调自己的孩子要做到"四勿"——勿损人而利己，勿妒贤而嫉能。勿称忿而报横逆，勿非礼而害物命。

有一次，孩子犯了错误，朱熹得知后，并没有急于大骂，而是让其去庭院里独自反省。跪了大半天后，孩子也冷静了许多。此时，朱熹才向孩子发问："可知错在何处？"等到孩子将整个事情的来龙去脉说了一遍，并剖析出自己的错误之处后，朱熹才教导孩子"知错能改方能有大作为"。

【家教心得感悟】

朱熹对孩子的教育方法，纯净感人，即便对孩子惩罚，也能够酌情而定，给了孩子极大的鼓励和信心。

家长发现孩子做得不好，责罚是一种教育方式。但责罚也应当讲究方式、方法，酌情而定，不可"一棍子打死"。

1. 分析错误背后的原因

当发现孩子的过错时，父母不包庇孩子，及时地批评与教育没有错。但批评孩子之前，先弄清楚事情的原委很有必要。既不放过一个错误，也不错怪一个孩子。

很多时候，孩子犯错背后是有原因的。

比如，孩子因为路上帮助老大爷推载满废品的平板车，不小心被车上的铁丝刮坏自己的新衣服；孩子因为放学路上帮助比自己年纪小的孩子，导致回家比平时晚了很多……

这些原本是因为孩子做好人好事而出现的一些小波折，父母如果不闻不问，就对孩子严厉地斥责和批评，会让孩子觉得因为帮助了别人才导致自己受到批评和指责，使得孩子不敢再去帮助别人。这样就浇灭了孩子助人为乐的热情。

2. 不要惩罚和批评孩子的失败

不要惩罚和批评孩子的失败。这样的惩罚和批评很可能会挫伤孩子前进的动力，会使孩子为了不被惩罚和批评而害怕失败，不敢去面对挑战。

遭遇失败时，孩子需要克服挫折感，增强自信心。此时，父母的安抚和鼓励十分重要，是孩子能够持续向前的"推进器"。更重要的是，父母要帮助孩子学会反思,告诉孩子如何弥补自己的失误。

3. 变相责罚

教育不能没有责罚,但责罚需要创新,而且要适度。减少对孩子的伤害,才能起到更好的教育作用。

比如,惩罚孩子读书、写字,表面上是罚孩子,实际上对提升孩子的学识和写字规范很有帮助;也可以通过没收孩子最感兴趣的东西作为惩罚,并约定,等到孩子改正错误再还给孩子;或者可以通过惩罚孩子做家务,培养孩子的责任感,让孩子规避娇生惯养的习惯,在不知不觉中增加一些生活的技能。

———•【思考】•———

· 您会酌情责罚孩子吗?

· 您平常如何惩罚和批评孩子呢?

第四章 严宽有度：孩子教育须有度

让孩子体验到自己过失的后果：斯特娜夫人的自然后果惩罚法

【导语】

著名思想家、哲学家、教育家卢梭说过：我们不能为了惩罚孩子而惩罚孩子，应当让他们知道这些惩罚正是他们那些不良行为的自然后果。让孩子体验犯错后的后果，可以让孩子更加刻骨铭心，也更加容易帮助孩子改正错误。

【名人家教品读】

孩子犯错，我们经常会教导孩子要懂得道歉，引导他们懂得向善。但只停留在口头上的认错还远远不够，让孩子认识到自己行为的后果，认识到事情的严重性，为自己的错误负责，孩子才能真正得到成长。

斯特娜夫人，因为自己独特的教育理念和方法，让自己从平凡变为不平凡，被赞誉为"世界上最成功的妈妈"。她教育孩子的独特之处在于一直坚持"自然后果惩罚法"，并著有《斯特娜夫人自然教育法》一书，在书中，她结合自己教育女儿的亲身经历，阐明了自己的教育方法，一面世即引起巨大反响，被无数家长追随，带给人们极大的启发。

什么是"自然后果惩罚法"？从斯特娜夫人的家教故事中，我们可以找到答案。

有一天，斯特娜夫人的孩子问她："妈妈，我能不能去同学家玩？"斯特娜夫人同意了，但给孩子定了一个时间，要求孩子在中午12点前回家。那天孩子玩得太高兴了，忘记了约定的时间。回到家时，比预定的时间晚了20多分钟。斯特娜夫人看到孩子回来了，也没说什么，只是指了指墙上的钟。孩子一看，发现自己回来晚了，就马上道歉："对不起，我知道错了。"吃完午饭后，孩子赶紧换了一身衣服，准备和家人一起去看电影，按照惯例，每周日下午都是一家人一起看电影的时间。

这时，斯特娜夫人又让孩子看了看时间，说："今天来不及了，电影看不成了。"孩子一听，不开心了，还流下了后悔的眼泪。斯特娜夫人并没有退让，她带着惋惜的语气说："这真是太遗憾了。"自此之后，孩子就有了非常强的时间观念，做事情都严格按照约定好的时间安排。

【家教心得感悟】

孩子要想"进步"，家长就要"让步"。凡是孩子能自己做的事情，大人就不要插手。孩子在体验中长大，而不是在溺爱与说教中长大。很多时候，家长可以不必为孩子事事考虑周全，让孩子亲自去体验自己过失的后果，将惩罚的实施者转嫁给孩子自己。这就是斯特娜夫人的"自然后果惩罚法"。

简单来说，就是让孩子自己的事情自己做，如果做不好，家长也不必严厉地去干预，而是让事情顺其自然，自然而然地让孩子接受自己行为的后果。这种看似宽松的教育方式，实则给了孩子最严厉的惩罚，让孩子为自己的行为负责，为他们的错误承担应有的后果。孩子受了教训，也就长了记性，会主动纠正错误。这就是我们常说的：吃一堑，长一智。

如何用"自然后果惩罚法"来教育孩子呢？

1. 尊重孩子的选择

现代教育提倡的是尊重孩子。对于孩子自己的事情，应该给予尊重，让孩子跟随自己的内心去选择。选择对了，给孩子表扬和鼓励；选择错了，让孩子从自己酿的苦果中，意识到自己的错误。

2. 不伤害孩子的身体和健康

"自然后果惩罚法"实施的一个重要前提，就是不会伤害孩子的身体和健康。孩子因自己的过失，导致生活上的不便和情绪上的不愉快，损害了孩子的"切身利益"，才会督促孩子改正过失。这种做法并不是要以损害孩子的身体和健康作为代价，而是在安全的范围内进行。

3. 辅以严肃而正面的引导教育

孩子犯错时，正是教育的黄金时刻。在使用"自然后果惩罚法"的同时，在恰当的时机，辅以严肃而正面的引导教育，让孩子明白究竟错在哪里，引导孩子分析原因，让孩子明白今后应当怎样做。这样有效的引导教育，可以使孩子从根本上提高认知水平，从而形成良好的行为习惯。

俗话说"人教人，百教不会；事教人，一次就好。"生活中，有的孩子屡教不改，有一种不撞南墙不回头的倔强。只有让他撞一次南墙，才知道痛的滋味。能真正说服一个孩子的，从来不是空洞的说教，而是真实的经历。光靠说教显得苍白，真实生活中吃过亏，才能让孩子快速成长。

———●【思考】●———

·您觉得这种"自然后果惩罚法"适合孩子吗？

·您平时也会用这种"自然后果惩罚法"来教育孩子吗？

第五章

督学导学：
让孩子勤学和会学

活到老，学到老。学习可以增强孩子的自信，让孩子的内心世界更加富足。但学习是一件需要长期积累和不断持续的事情。督导孩子勤学，教导孩子会学，可以让孩子变得更加强大。这是每位家长义不容辞的责任。

让孩子懂得学习、爱上学习：郑板桥教子莫为做官而读书

【导语】

著名哲学家、散文家弗朗西斯·培根说过：活着就要学习，学习不是为了活着。对于孩子来说，学习是孩子成长的必经之路。

【名人家教品读】

孩子阶段的学习，其实是在给自己进入社会做准备。如果连一张门票都没有，又岂能收获精彩纷呈的人生？学习是孩子成长过程中的头等大事，努力学习是孩子的一种责任。

郑板桥是清代书画家、文学家，"扬州八怪"之一。其诗书画，世称"三绝"。郑板桥在诸多方面有着卓越的成就，他也更加注重对孩子的教育和培养。

郑板桥的儿子小宝，天资聪明，但非常淘气。郑板桥从小就教育儿子要多读书。

有一天，郑板桥将儿子叫到书房，给儿子写下了一副对联："咬定几句有用书，可忘饮食；养成数竿新生竹，直似子孙"，并让儿子背诵。郑板桥想要借助这副对联的上联，告诫小宝一定要读书，而且要读有用的好书；下联则是想告诫儿子，做人就像竹子一样，直立于世，刚正不阿。

但小宝爱玩，却不喜欢学习。这让郑板桥这十分苦恼。他非常希望自己的儿子能够多读书，将来有所成就。

有一次，郑板桥给小宝讲了一个故事：有一个叫巴依的小孩子，他从小出生在贫穷的家庭，但学习却非常努力。他每天很早就起来读书、写字，晚上学习到很晚才去睡觉。在不懈地努力下，巴依终于考上了进士，在朝廷做了官。

讲完故事后，郑板桥望着小宝，希望他能够从中明白读书学习的重要性。

没想到的是，小宝听完故事后哈哈大笑："父亲，您这个故事一听就是编的，这也太假了。"看着小宝哈哈大笑的样子，显然并没有懂他讲故事的真正意思，郑板桥感到十分失望。于是，他决定换一种方法来教育儿子。

郑板桥这次找了一位国画大师，将儿子送到名师门下，接受最严格的教育，专门学习绘画，提升儿子的绘画技能。在大师的严格教导下，小宝每天早起练习画画，他的绘画水平很快有了明显的进步。大师对他的作品也十分认可。

经过这一段时间的学习，小宝的绘画技巧达到了一个新高度。他的作品获得了很多人的赞誉，他也因此赢得了更多人的尊重。小宝也因此明白了学习的重要性。他开始主动学习各方面的知识，包括文学、音乐、历史等，而不仅限于绘画。

后来，郑板桥去外地做官，将小宝留在老家交给弟弟郑墨照看。在给弟弟的家书中写道："读书中举，中进士做官，此是小事，第一要明理做个好人。"显然，郑板桥这是在告诫儿子：莫为做官而读书。

【家教心得感悟】

在郑板桥看来，读书对于一个人的成长至关重要。他认为，读书可以丰富一个人的内心世界，可以拓宽人的视野，让一个人明好人之理。他教育儿子多读书、多涉猎各种知识。但他却十分看不起那些读书就是为了做官的人。他的教子之道，非常值得我们学习。

读书学习对于孩子来说，是值得用一生来追求的事业。让孩子懂得学习，爱上学习，是家庭教育必不可少的环节。

1. 走进孩子内心，正确引导学习的重要性

每位家长都深知，学习不一定能彻底改变一个人的命运，但至少会让一个人的思维有所提升，让自己的人生能有更多的选择。家长也经常教育孩子好好读书，否则进入社会必将悔不当初。很多时候，家长在教育孩子的时候，没有用孩子能够接受的方式去引导孩子，所以并不能达到想要的教育结果。

比如，有的家长会给孩子讲大道理，告诉孩子，好好读书日后考个好大

学，出来找个好工作，未来会有好前途。但孩子并不愿意听父母苦口婆心地劝导，他们会觉得读书苦，打工比学习轻松得多。

站在孩子的角度，走进孩子的内心，进行正确引导，更容易成功。

（1）故事代入

对孩子讲大道理，孩子不喜欢听，也未必听得懂。苦口婆心地说教，不如两三分钟的故事。家长讲得轻松，孩子听得愉悦。更重要的是，通过故事的代入，能快速激发孩子的共鸣和认同，让孩子从故事中领悟到学习的重要性。

（2）以身作则

家长如果感到读书是一件苦差事，经常输出一种信息："一看到书就头疼"，那么教育孩子认真学习，就是在自欺欺人。家长是孩子的表率，一举一动都会被孩子模仿。很多喜欢读书、经常学习的家长，孩子几乎没有不喜欢学习的。在家长的带动下，一家人共同学习，会让孩子感觉到学习是一件幸福的事情。家长好好学习，孩子才能天天向上。

（3）家长经历

家长的经历也是激发孩子主动学习的助推器。家长平时为了工作、为了晋升而不断学习和充电，最终赢得了工作和事业的高光时刻。家长通过学习成长和提升的经历，孩子看在眼里，也会受到影响，明白学习的重要性，进而对学习产生热爱之情。

2. 深入沟通，帮孩子建立学习自信心

有的孩子，从小就表现出贪玩、不爱学习的特点；有的孩子，可能因为一次考试成绩没表现好，就失去了学习的信心。

家长多与孩子坐下来深入沟通，倾听和理解孩子在学习中缺乏学习信心的感受，要表达对孩子的理解和支持，让孩子感受到家长对他们的关注和关爱。同时，要通过孩子分享的学习过程中存在的困难，帮助孩子分析和解决学习中的难题，让孩子逐渐克服缺乏自信心的困境。

3. 鼓励和关注孩子的进步和成就

培养孩子积极学习的态度，是孩子爱上学习的前提。孩子取得进步和成就时，及时给予鼓励，并给予积极的认可和奖励，孩子会因此通过学习获得成就感。对于孩子感兴趣的以及优势科目，给予更多的鼓励和支持，让孩子对学习保持持续不断的热情。

4. 走出去，激发孩子的求知欲

好奇心是孩子们天生的品质。给孩子提供机会和环境，让孩子去接触不一样的事物，比如，去展览馆、文化馆、博物馆、天文馆等参观，也可以去海洋馆、动物馆等游玩，或者到一个陌生的地方去旅游、接触大自然等，这些可以给孩子更多的新鲜感，不但可以满足孩子的好奇心，还可以很好地激发孩子的求知欲，进而爱上读书和学习。

学习是孩子成长过程的必经之路。读书让人明理，培养生存能力。掌握好方式方法，并耐心地引导孩子，每一个孩子都能爱上学习，爱上读书。

———●【思考】●———

· 您的孩子平时热爱学习吗？

· 您是如何引导孩子懂学习、爱学习的呢？

学习要从兴趣入手：祖昌倡导循循善诱教育法

【导语】

著名教育家、心理学家赞可夫说过：对所学知识内容的兴趣可能成为学习动机。兴趣是孩子求知的起点，是孩子积极并长久学习下去的强大动力。

【名人家教品读】

作为家长，都希望孩子能够有足够的学习动力，这样孩子才能更加积极主动地学习，获得更多新知识，让知识充盈自己的头脑，收获更加饱满的人生。但是，实际情况是，有的孩子学习动力不足，甚至有厌学现象。

这样的情况，家长倍感焦虑。不知道该如何破解。祖昌的育儿方式可以说是成功的典范。

南北朝时期，祖昌在朝廷任职，担任土木工程职务。他的孙子不喜欢读书，经常被儿子祖朔责骂。因为被长期责骂，孙子对读书越来越讨厌。祖昌觉得儿子的教育方式不对，就告诫儿子：光责骂孩子有什么用？孩子读书不行，说不定在其他方面能做得不错。做大人的，要多加观察，善于从孩子的兴趣入手加以引导。

有一天，祖昌本想着带孙子去自己工作的工程现场，让孩子拓宽一下眼界。没想到，孙子见到了外面的山川河流、田野村庄以及各种建筑，整个人兴奋极了，东看看，西望望，还问了祖昌很多问题，对这些表现出了浓厚的兴趣。祖昌发现，孙子对天文学和数学知识表现出强烈的喜爱之情。

看到此情形，祖昌带着孙子去拜访了当时有名的天文学家何承天，并拜了师。经过何承天的指点和培养，祖昌的孙子学习了很多天文知识。后来，祖昌的孙子根据自己对天文的专心研究，发现之前的历法存在一定的误差。他还根据长期的观察结果，创制出了一部新的历法。

在数学方面，他还将圆周率精确到小数点后七位，这要比欧洲早上一千年。要知道，在当时，没有科技做依靠，能将圆周率精确到如此，实属不易。

祖昌的这位孙子，就南北朝时期杰出的数学家、科学家祖冲之，他的成就在当时超过了自己的父亲和爷爷。

【家教心得感悟】

祖昌能够根据孩子的兴趣和喜好，对孩子进行着重培养，将一个原本不喜欢学习的孩子，培养成在天文学和数学领域的佼佼者，离不开他从孩子的兴趣入手，循循善诱的教育方法。祖昌的这种教育方法，可以说是历史上成功教育的典范。

一个人不可能既讨厌一件事，又把这件事做好。孩子的学习兴趣越浓厚，学习的积极性就会越高，掌握的知识也会越牢固，学习的效率也会越高。从孩子的兴趣和喜好入手，将被动的学习变为对知识主动的汲取，将消极厌倦变为乐于学习、勤于学习，从而达到最好的学习效果。

那么究竟该如何从兴趣入手引导孩子学习呢？

有两种途径：

1. 从孩子已有兴趣入手

兴趣是最好的老师。了解孩子的兴趣爱好是把孩子的兴趣引导到学习上来的关键。

第一步，观察和了解孩子兴趣。每个孩子都有自己的兴趣和喜好，只是很多时候没有被家长发现，或者被家长所忽视。通过在日常生活中观察孩子的行为，洞察孩子的兴趣点，或者表现出特别关注的事物，了解孩子的兴趣点。也可以通过与孩子进行深入沟通，直接询问孩子的喜好和兴趣，了解孩子喜欢的事情和感兴趣的领域。

第二步，将学习与孩子兴趣相结合。学习与兴趣相辅相成。兴趣是激发孩子主动学习的动力，学习是兴趣升华的有效途径。当学习与兴趣相结合时，孩子的潜能就能被很好地激发出来。

所以，在了解孩子的兴趣点之后，为孩子提供多样化的学习资源，设计富有趣味性的学习活动，以兴趣为切入点，激发孩子的学习能动性。

比如，孩子对一些户外的花鸟鱼虫感兴趣，喜欢追问一些如"小蝌蚪是青蛙的孩子，为什么长得跟青蛙不一样""蜘蛛织网的丝是从哪里来的，织网的原理是什么""树木截口处一圈一圈的是什么，怎么形成的"之类的问题，可以找到一些有关生物类学习资源，如科普绘本、科普电视节目等，让孩子跟随着兴趣去学习，从而更加乐意去主动学习和探索。

2. 从诱发孩子兴趣入手

如果孩子对学习某一门课程不感兴趣，就要激发学生在这方面的兴趣，有目的、有计划地培养孩子的兴趣。

（1）将知识融入有趣的生活

日常生活中有很多有趣的现象与物理、化学学科密不可分。将趣味小实验与日常生活联系起来，让孩子感受到知识在生活中的应用和价值。这些会让孩子发现学习的乐趣，激发孩子的兴趣，进而更加热爱学习。

（2）营造互动学习氛围

爱玩是孩子的天性。家长陪孩子的互动式学习，与传统的单向教育方式相比，让孩子感到更加有趣。我们可以尝试创造互动的学习环境，让孩子参与其中，在动手实践中产生兴趣，逐渐爱上学习。

教孩子如何学习，也要"投其所好"。学习与兴趣相结合，能够以兴趣点为核心，培养孩子的学习能力和热情，为他们的未来打下坚实的基础。

———●【思考】●———

· 您的孩子平时有什么兴趣爱好吗？

· 您是如何引导孩子积极学习的呢？

在快乐中学习：理查德·费曼父亲的"寓教于乐"教育法

【导语】

著名幼儿教育家玛利娅·蒙台梭利说过：玩是孩子们学习的最高形式。孩子最好的学习状态，就是在快乐中学习。

【名人家教品读】

教育的最终目的是要把人的潜力和创造力激发出来。孩子在轻松愉悦的环境中学习知识，能有效提高学习效率。但实际情况是，很少有孩子能够快乐地学习。在这样的情况下，孩子失去了学习的乐趣，影响了全面发展的机会，家长也为此感到迷茫。

理查德·费曼的"寓教于乐"教育法，能够给我们带来一些启示。

理查德·费曼是知名教育科研工作者，也是物理学家、诺贝尔物理学奖获得者。他曾对原子弹的发展做过重要贡献，被认为是爱因斯坦之后最睿智的理论物理学家，有"新的物理学之父"之称。

理查德·费曼从小就接触科学，能够在物理学领域取得惊人的成功，与父母的教育有很大关系。在理查德·费曼很小的时候，父亲就着重培养他的学习能力，而且在学习的过程中，理查德·费曼深深地感到了学习的快乐。

当理查德·费曼还在坐婴儿椅的时候，父亲有一天回家，专门带回来一堆彩色的小瓷片，一般人们会用它来装修浴室。之后，父亲把这些瓷片摆成米诺骨牌的样子，理查德·费曼觉得很有意思，轻轻一推，这些瓷片就全倒了。父亲并没有生气，而是告诉理查德·费曼："我希望你能把这些推倒的小瓷片重新摆放。不过我不喜欢原来的样子，你可以将它摆成两白一蓝吗，你能做到吗？"理查德·费曼听了父亲的话，就开始忙碌起来。原来父亲摆放这些小瓷片的目的是教理查德·费曼序列。理查德·费曼最早接触一些形状和简单的算数原理，就是从这个时候开始的。

在理查德·费曼稍微长大些后，一天他在院子里玩一辆玩具货车。他在玩具货车的车斗里放了一个球，然后他发现当把玩具货车向前拉动的时候，球就会向后滚。他觉得十分好奇，明明玩具货车是向前跑的，可在货车上的球却为什么向后滚呢：他找到了父亲，问父亲原因。父亲对他说："其实球并没有向后滚，你试试水平看着玩具货车，就会发现，你之前看到的只是错觉。"理查德·费曼照做后，果然发现，当拉着车往前走的时候，小球并没有往后跑，它只是相对于车斗往后移动。但相对于侧面，小球只是稍微往前移动了一点。整体上看，是车斗的移动超过了小球。他再次问父亲其中的原因。

父亲回答："这个神秘的现象被你发现了。它的原理就是，运动中的物体会继续运动，静止的物体会继续静止。科学家们将这种现象叫作惯性。"正是父亲的答案影响了理查德·费曼一生往后看待宇宙万物的态度，也让他从此对物理产生了极大的兴趣。

【家教心得感悟】

一个人的优秀，并不是空穴来风的。理查德·费曼的父亲通过玩耍、娱乐的方式，引导孩子去观察和思考，与孩子一起探讨，让孩子在不知不觉中学到知识。用理查德·费曼的话说："父亲的这种教育方式，让我在学习的过程中毫无压力。"

在孩子的成长过程中，学习是他们获得知识和技能的重要途径。这种"寓教于乐"的教育方式，能够让孩子保持快乐的学习心态。这比那些逼着孩子坐在书桌前读书、写作业的孩子来说，幸福了很多，更能活跃孩子的思维，让孩子从玩耍过程中收获的学习效果好很多。带着孩子在玩耍中学习，感受学习的乐趣，孩子会认为学习是一件快乐的事情，其学习的主动性也会得到充分发挥。这才是家长对孩子督学导学的最高境界。

家长在平时如何才能做到寓教于乐呢？

1. 关心孩子的心灵成长

家长对孩子除了有养的义务，还需要有育的责任。在关心孩子生活起居，学习成绩的同时，更应当关注孩子的心灵成长。

（1）倾听

倾听是了解孩子心声的最主要途径。从孩子的话语中，可以很好地了解孩子的内心。

（2）观察

观察孩子行为表现，包括孩子学习的态度、情绪波动等。从孩子的异常行为，如频繁叹气、失眠、心烦意乱、情绪低落等，及时了解背后的原因。

（3）沟通

沟通是家长了解孩子心灵的关键。与孩子之间平等对话，以真诚、耐心的心态引导孩子表达自己内心的想法。

2. 营造轻松愉悦的学习氛围

如果发现孩子学习压力大，就需要主动减轻孩子的头脑压力，保持孩子心灵的健康成长，有利于促进孩子大脑功能、记忆力、思维力的有效提升。

孩子学习固然重要，但学习不只是让孩子在死气沉沉的环境中进行，毫无压力、轻松愉悦的氛围，能够让孩子更加快乐地学习，帮助他们建立对知识的渴求感。

因此，帮助孩子营造轻松愉悦的学习氛围，比如：定期一家人就像开茶话会一样聚在一起，做一个思想碰撞，大家一起讨论学习和成长的话题。每个人可以分享自己的学习经验和感受，也可以听取家人的建议和意见。在这样轻松的环境中，家庭成员之间的交流互动，能帮助孩子愉快地掌握到更多学习和进步的方法。

3. 通过创意学习游戏促进孩子学习

可以利用孩子对游戏的热情，应用于学习的过程中。再加上一定的创意，就能让学习变成了一件十分有趣和快乐的事情。比如，通过游戏的方式来记忆单词和公式；通过数学拼图、数学猜谜，提升孩子的数学技能。

这样做的好处是：

第一，游戏的趣味性，能吸引孩子积极参与，减少对学习的抵触情绪。

第二，游戏中的任务和挑战，能促进孩子思考和分析，提升孩子的思维能力、记忆力、逻辑思考能力等。

第三，通过创意游戏，能帮助孩子更好地理解和掌握学科知识。

第四，完成游戏挑战，获得成功体验，能增强他们的自信心。

创意学习游戏能促进孩子快乐学习，但也要注意：

首先，游戏与学习内容相匹配。选择游戏非常重要，既要保证趣味性，又要考虑是否与学习内容相匹配、难度是否与孩子水平相匹配。匹配度越高，收获的效果越好。

其次，家长参与互动。学习游戏并不是孩子一个人的游戏，是需要家长参与进来的亲子互动，在游戏的过程中，还需要对孩子进行支持和指导，使得孩子快乐学习的效果达到最佳。

最后，建立学习目标。玩游戏，玩是过程，学才是最终目的。明确学习目标很重要。有目的地玩游戏，孩子更容易"玩有所获"。

总之，寓教于乐的教育方式，对孩子的学习和成长非常有益。虽然孩子在快乐中学习并不是一件容易的事，但用对方法就能实现这一目标。让孩子在快乐中学习，在学习中感到快乐，孩子才能真正热爱学习，在成长的道路上不断进步。

───●【思考】●───

· 您的孩子平时学习是否感到快乐呢？

· 您会用什么样的方法让孩子在快乐中学习呢？

学习当勤奋：钱学森教育儿子勤勉好学

【导语】

著名画家乔舒亚·雷诺兹说过：如果你颇有天赋，勤勉会使其更加完美；如果你能力平平，勤勉会补之不足。这个世界上，所谓的"天才"就是1%的天赋加上99%的努力。

【名人家教品读】

学习可以培养孩子的能力和智慧，决定孩子的未来。勤奋好学，能让孩子在知识上得到更加深厚的积累，让孩子的眼界得到不断的拓展，让孩子的能力不断地精进。培养孩子勤奋学习的精神至关重要。

钱学森是我国航天事业奠基人、火箭之王、中国导弹之父、中国自动化控制之父、国家杰出贡献科学家。

钱学森从小就天资聪颖，悟性很高。在3岁的时候，能背诵上百首唐诗、宋词，而且在数学领域表现出极高的天赋。父亲钱均夫忙于公职的时候，母亲章兰娟以更多的时间教育幼小的钱学森。母亲经常教育钱学森，学习要勤奋，不能懒惰。钱学森也从小养成了每天早起的好习惯，即便没人催促，也能按时起床。每天早饭后，钱学森就跟着母亲背诵诗文。累了的时候，就读一些儿童读物。下午就是专注于练习画画和写毛笔字的时间。每天都是如此，从未间断。母亲给钱学森打下了良好的学习基础，可以说钱学森的勤奋刻苦和家庭教育是他取得卓越成就的重要因素之一。

钱学森结婚后，有了儿子钱永刚，也像母亲那样严格要求儿子勤奋好学。钱学森在家的时候，有空就坐下来看书。看到父亲在看书，钱永刚也自己拿起书坐在一边看。在上小学二年级的时候，钱永刚就能认识几百个汉字，甚至能读小说。遇到不认识、不知道意思的字和词，他就抱着字典边查边看。

一次，在初中暑假的时候，钱学森特意给钱永刚买了一套《十万个为什么》，钱学森专门给钱永刚定了个学习计划：玩半天，看半天，每天读40页，遇到不懂的问题，可以做个记号，等钱学森有空了给他讲解。

钱永刚读这套科普书籍的时候，发现读起来并没有读小说一样轻松，在阅读的时候，经常会有不懂的地方，只能硬着头皮往下读。平时，钱学森忙于工作，到了周末，一有空闲的时候，就坐在沙发上，问钱永刚书看得怎么样，并且给钱永刚做解答。一个暑假下来，钱永刚学到了很多知识，也在父亲的帮助下了解到了很多自己以前不知道的事情。养成了勤奋好学的好习惯，学识也因此变得丰富了很多。

【家教心得感悟】

钱学森从小就严格教育儿子勤奋好学，这一点非常值得我们借鉴。

人生在勤，不索何获。青少年时期，是学习知识、增长才华的最佳时期。勤奋好学，表面上看是想要提升孩子的学习成绩，其实更重要的是，培养孩子一种努力奋进的学习心态，以及对专业知识学习的深度和广度的延伸。一个孩子掌握知识的多少，完全取决于他的勤奋程度。

培养孩子勤奋好学的习惯，需要家长用正确的方式去引导。

1. 树立正确的学习观

孩子的学习教育是每位家长关注的问题。家长在关注孩子学习成绩的同时，更需要关注孩子的学习理念。正确的学习观，能够教会孩子如何去学习，让孩子终身受益。告诉孩子勤奋学习的目的，不是为了父母，也不仅是为了考取好的成绩，更是为获取知识、培养思维能力和解决问题的技巧。可以给孩子讲一些名人勤奋学习的故事，让孩子明白，学习就像是慢慢爬山，一时半会看不出来谁爬得快，谁爬得慢，但时间一长，勤奋和懒惰的差别就十分明显了。

2. 与孩子"约法三章"

对于孩子喜欢的学科，他们总会主动去学习；对于自己不喜欢的学科，学习的时候可能会偷懒。如果家长对孩子放任不管，就会让孩子学习偷懒养成一种习惯。与孩子之间"约法三章"，学着去"管理"孩子，而不是"管"孩子。管理与管之间是有区别的，管理是用孩子认同的规则来管理孩子；管是以一种居高临下的态度去控制和要求孩子。家长可以给孩子做一些学习规划，约定每天读多少页内容，每天背诵一首诗词，每天背诵多少单词等。给孩子具体的目标，让孩子在学习的过程中没有偷懒的机会。

据相关研究表明，一个人养成一种习惯，只需要 21 天；想要形成稳定的习惯，只需要 90 天。如果孩子能够按照"21 天法则"和"90 天法则"坚持下去，就能形成勤奋好学的好习惯。

3. 做孩子的榜样

父母是孩子最好的榜样。父母的言行举止，就像一本无字的教科书，会潜移默化地对孩子产生终身影响。父母喜欢读书、勤于学习，孩子也会跟着向父母靠拢，跟着父母的行为习惯学习起来。当然，父母所读的书，也要有所选择，世界名著、文学作品等是最好的选择，否则家长读一些时尚杂志、幽默故事等，难以给孩子带来良好的榜样。而且实体书籍比电子书籍更加具象化，更加有效。

总之，学习是开启孩子通往知识宝藏的大门，勤奋是钥匙。培养孩子勤奋好学的习惯，对孩子的未来人生都有很大帮助。

———•【思考】•———

·您的孩子平时学习勤奋吗？

·您准备如何培养孩子勤奋好学的习惯呢？

教育孩子学习要持之以恒：陆游以诗歌教子

【导语】

雨滴穿石，不是靠蛮力，而是靠持之以恒。孩子读书学习，能够持之以恒，十分难能可贵。

【名人家教品读】

孩子对于自己感兴趣的事情，如玩具、游戏等，总是能充满"永无止境"的热情。但对于自己的学习，总是三天打鱼两天晒网。孩子学习总是有头无尾，不能坚持，耐心和意志力缺乏，这是孩子学习不能持之以恒的表现，不利于他们的成长和发展。

在这一点上，我们不妨学学陆游的育儿方法。

陆游是我国南宋著名的爱国诗人，一生留下许多脍炙人口的诗作。他善于将自己的思想融入笔端，在所写的诗歌中，有200多首是有关子女教育的内容。陆游以一种特殊的形式教育孩子，是我国史上写教子诗歌最多的诗人。

家长对于聪颖过人的孩子给予更多的重视，一点也不难理解。但陆游在七个孩子当中重视小儿子子聿，除了因为子聿聪颖之外，陆游还有更多的考量，那就是越是聪明的孩子，越需要家长做好引导和教育工作，否则行事容易偏颇。

陆游在晚年的时候，更加注重对子女学问和修养方面的教育。

一天深夜，陆游正在书房看书，突然间，他想到了一些学习上的道理，又想到小儿子子聿平时虽然聪颖，如果缺乏教导恐怕难以成器。于是就专门写了一首题为《冬夜读书示子聿》的诗，送给子聿。陆游希望子聿能够认识到诗中所讲的重要性，并在今后能够知道应该如何去做学问。

《冬夜读书示子聿》
古人学问无遗力，少壮工夫老始成。
纸上得来终觉浅，绝知此事要躬行。

在这首诗里，前两句，陆游讲到哪怕是古代的学者，在做学问的路上也都是不遗余力，他们往往年轻的时候开始努力，到了老年才取得了成就。目的是告诉子聿做学问要有孜孜不倦、持之以恒的精神。后两句，主要是告诫子聿，学习还要注重学以致用，身体力行，用所学的知识和道理来纠正自己的不良行为。

陆游在子聿的学习上下了不少功夫，对子聿寄予厚望。子聿也在这首诗中受到教益。

【家教心得感悟】

父母在孩子家庭教育中的作用不言而喻。陆游用短小精悍的诗歌，教孩子学习要持之以恒。这种教育方法十分值得我们研究和借鉴。

"学如逆水行舟，不进则退。"父母在教育孩子的时候，都希望孩子能够在学习上做到有始有终，持之以恒。但很多时候，孩子开始学习的时候十分有兴致，但时间稍长就不能坚持，让家长大伤脑筋。孩子如果能够在学习上持之以恒，不但可以不断增长孩子的学识，还可以锻炼孩子的毅力，培养自己的自律能力。这对于孩子的学习、生活都将有很大的意义。

为此，父母应当正确培养孩子持之以恒的学习毅力。

1. 告诉孩子持之以恒的意义

学习为什么要持之以恒？很多孩子难以做到持之以恒，也不知道持之以恒学习的意义是什么。在有些孩子看来，学习是一件"苦差事"，让自己长期吃苦，真的很难。

家长要从源头上让孩子懂得持之以恒在成功和失败之间的重要性。很多时候，人们在做一件事情的时候，选择中途放弃，或者三天打鱼两天晒网，最终与想象中的成功无缘，只能一事无成。但只要持续做这件事情，即便遇到困难也能咬咬牙再坚持一下，胜利的大门就会为自己敞开。有时候，成功和失败，只在最后的一步之遥。

2. 给孩子正确的指导

孩子不能持之以恒的学习，可能是因为失去了兴趣，也可能是因为在学习的过程中遇到了困难、挫折失去了信心。不论什么原因，家长都可以在关键时刻，给予孩子正确的指导。

（1）设计有趣的学习方式

为了重新建立孩子学习的兴趣，可以尝试将学科知识的内容转化为有趣的学习方式。比如，通过游戏、试验、趣味故事等呈现知识，让孩子重拾学习的兴趣。

（2）引导孩子找到坚持的出发点

很多时候，孩子没有持之以恒地做一件事情，是因为没有一个触发点，没有坚持下去的动力。给孩子设置一个触发点，可以是一个小目标、小奖励。有了这个触发点，孩子就有了坚持学习的内在动力。孩子一想到、一听到、一看到这个触发点，就能马上唤醒动力去做。

（3）提供支持和陪伴

孩子在学习过程中，遇到困难和挫折时，最需要的就是来自父母的理解和鼓励。家长可以与孩子一起探讨解决问题的方法，让孩子在家长的支持和陪伴中坚持不懈地学习。

3. 给予孩子恰当助力

培养孩子持之以恒的学习毅力，是一个漫长的过程。家长恰到好处地表扬，是孩子能够坚持下去的最好助力。当孩子长期努力学习取得理想成绩时，父母对孩子的表扬，一个眼神、一个微笑、一个大拇指，都是对孩子持之以恒学习的最佳赞赏和肯定。在赞赏和肯定中获得的成就感，能够更好地激励孩子继续坚持、不甘落后的决心。

孩子学习，贵在持之以恒。一日曝十日寒，最不可取。家长通过巧妙引导和培养，帮助其慢慢具有持之以恒的学习毅力，在今后的人生道路上就会有更多的成功机会。

———●【思考】●———

- 您的孩子平时会持之以恒地学习吗?

- 您会如何培养孩子持之以恒的学习毅力呢?

学习讲究方式方法：董必武教子学习法

【导语】

著名物理学家贝尔纳说过：良好的方法能使我们更好地发挥天赋的才能，而拙劣的方法可能阻碍才能的发挥。孩子学习不仅要勤奋，更需要掌握对的方式方法。

【名人家教品读】

孩子的学习方法得当与否，直接影响着孩子的整个读书过程，能将孩子托举到成功的彼岸，也能将孩子拉到失败的深谷。孩子学习离不开勤奋，但更需要在掌握有效学习方法的基础上勤奋，学习效果才更好。

董必武在教育孩子的过程中，十分注重学习方式方法的教育。

董必武是杰出的无产阶级革命家，中国共产党的创始人之一，他也是一名有长期教师生涯的教学大师。董必武早年的时候，在教育界已经赫赫有名，对新民主主义教育事业做出过极大的贡献。他有着丰富的教学经验，而且积累了多年的教育实践，对孩子的教育，有着十分独到的经验和方法。

董必武有三个孩子，长子董良羽在部队发展，次子董良翮投身商界，女儿董良翚从政，三个孩子都有不错的发展。董必武对三个孩子寄予厚望，十分关注孩子们的学习和成长。

董必武在外工作的时候，通过写信与孩子联络。他对孩子们的学习抓得很紧，在信中他反复嘱咐他们提高认识、珍惜时间、注意方法，努力把成绩搞好。

在写给女儿的家书中，董必武告诉董良翚一些学习方法。"最要紧的是听讲课时精神要集中，下课后抓紧时间复习课文，作业要按日做完。有疑问的时候就记下来，多问问同学和老师。语文每课至少读十遍，有些课文要背诵。每天练习写 200 字左右的日记，写完了日记再睡觉。"

董必武发现，孩子们在给他写信的时候，写得十分简短。信中很多时候也都是一些问候的话，没有其他内容。于是，在给儿子董良翮的信中写道："以后写给我的信，至少要 200 字以上，除了问好之外，随便眼睛看到的、耳朵听到的，什么都可以。把写信作为一种语文练习不是很方便吗？"

董必武在家的时候，对孩子的学习要求严格，而且总是亲力亲为。他手把手教孩子练写字，说"中国字是方形的，要想写得好，就要掌握平、正、匀熟的要领。"

董必武和众多家长一样，对孩子的学习十分重视，他总是教给孩子们正确的学习方法。在董必武的悉心教导下，孩子们的学习成绩都十分出众，长大后也都走上了各自的岗位。教孩子们正确的学习方式和方法，是董必武留给孩子们的一笔宝贵财富。

【家教心得感悟】

董必武在忙碌的工作之余，还能想方设法教孩子学习的方式和方法，指导孩子们学习。这是非常值得我们学习的。

学习勤奋固然重要，但学习方法更重要。有的孩子明明平时表现得十分聪颖，但在学习成绩上总是平平无奇，甚至还很差。有的孩子，明明学习很勤奋，学习成绩就是难以提上去。其实，很多时候是因为孩子没有掌握好的学习方法导致的。

学习出众的孩子，在勤奋之余，更加注重科学的学习方法的掌握。家长在勤抓孩子学习成绩的时候，是否想过教给孩子一些适合的、有效的学习方法呢？

1. 建立良好的学习习惯

教孩子科学的学习方法，首先应当帮助孩子形成良好的学习习惯，比如：及时预习、定期复习、及时完成作业、有问题及时向老师或同学提问、做好课堂笔记、每天写一篇日记、养成晨读的好习惯、犯错后要及时反思和总结、按时按量完成制定的学习计划等。这些看似平常的小事，都是最基本的学习方法。一旦养成习惯，对孩子的学习大有裨益。

2. 鼓励孩子学会使用学习工具

正确、恰当使用学习工具，可以帮助孩子更加高效地掌握知识。为孩子提供符合学习实际需求的学习工具，如词典、字典、电子书、学习网站、学习软件等，告诉孩子基本的使用方法，并给予正确的指导和建议。鼓励孩子使用多种学习工具，通过多渠道获取信息和知识，能有效提高学习效果。

3. 互动帮助孩子输出内容

学习既要输入，也要输出。很多时候，家长关注的是孩子学进去多少，却忽视了孩子知识的输出。知识只输入，不输出，很难检验孩子对学到的知识掌握了多少，记住了多少。在孩子学习完毕或者看完一本书之后，家长可以与孩子一起互动，让孩子将所学内容转化为自己的语言，口头复述内容，对所学知识加深印象。或者可以让孩子将所学的知识加以总结和摘要，再加上孩子学习后的感想，以文字的形式写下来。说和写的过程中，是孩子对所学的知识进行精细化加工的过程。通过说和写，将所学内容进行呈现，可以加深所学知识在孩子脑海中的印象，同时也是对孩子逻辑思维整合能力的一个考验。

孩子输出的次数越多，所学知识越牢固，逻辑思维整合能力也越强。

4. 注重个性化教学

每个孩子都是独一无二的，每个孩子的学习特点也都是有所不同的。有的孩子喜欢坐下来安静学习，有的孩子在玩游戏的过程中学习知识更快。可以根据自己孩子的个性，进行个性化教学。喜欢安静学习的孩子，要给其提供安静、舒适的学习环境；喜欢游戏中学习的孩子，要给孩子设计一些趣味学习游戏。让孩子能够最大限度地发挥自己的潜力，在学习中不断进步。

5. 教会孩子学以致用

孩子学习的目的，不仅是为了提升学习成绩，还是为了让孩子将所学知识用于生活。不妨带孩子出去郊游，面对大好山川河流，让孩子描述一下眼前的美丽风景，或者抒发一下内心的情感写一篇关于出游的日记；也可以带孩子一起去超市购物，给孩子定额的现金，让孩子做主，买多少东西，花多少钱，让孩子自己做算术。这样，在理论和实践中形成学习与应用的正向循环，可以使孩子更好地理解知识，加深对知识的记忆。

孩子学习是一个长期的过程。父母需要时刻关注孩子的学习情况，并根据孩子特点和需要制订科学、合理的学习策略，引导孩子掌握有效的学习方式和方法。这样才能让孩子在学习中不断成长和进步。

────●【思考】●────

· 您平时会教给孩子一些有效的学习方法吗？

· 您提供的有效的学习方法有哪些呢？

第六章

逆境磨炼：
鼓励孩子在逆境中成长

孩子从小在家长的爱护中长大，很少有机会遇到真正的挫折和逆境。对孩子进行逆境教育，是孩子成长过程中必不可少的环节。有效提升孩子"耐挫"能力，让孩子面对挫折和逆境的时候，能够主动寻找解决办法，帮助孩子在困难中坚持与成长。

积极培养孩子的坚强意志：宋嘉树教育孩子坚强

【导语】

近代民主革命志士秋瑾说过：水激石则鸣，人激志则宏。孩子的意志力不经过激发，难以变得强大。

【名人家教品读】

内心坚强的孩子，能够对学习和生活始终保持积极向上的态度，还能对挫折和苦难应对自如。这样的孩子，在学习和生活中都表现得十分出色和成功。

如何培养出意志力强大的孩子呢？宋嘉树的家教故事给我们带来一些启发。

宋嘉树，是一位财力十分雄厚、极具民主思想的爱国企业家。他还是孙中山的好友，在财力上为孙中山革命给予了很大的支持。然而，真正让人后人铭记的，还是因为他对子女高明的教育方法，被人称为"最牛父亲"。

宋嘉树共有六个子女，他将子女们全都培养成风云人物。他的三个女儿有"宋氏三姐妹"之称，长女宋霭龄，次女宋庆龄，三女宋美龄，都是在中国近代史上产生重要影响的知名女性。三个儿子，长子宋子文，二子宋子良，三子宋子安，也都在各自的领域各有成就。孩子们如此优秀，皆在于宋嘉树良好的家庭教育方法。

宋嘉树虽然十分疼爱几个孩子，但他从小就对孩子们不断进行挫折教育。他认为，孩子要想面对风云变幻的世界，不但要有宽广的胸怀，独立的品格，还应当内心强大，有坚强的意志力。

在宋子良还在爬行与学步阶段，宋嘉树就鼓励孩子自己学走路。他让宋子良自己跌跌跄跄扶着墙往前走，自己却站在远处用语言鼓励孩子："一步，两步,三步,很好。"宋子良跌倒了,宋嘉树也不过去扶起来,而是告诉孩子:"跌倒了别哭,自己爬起来继续走"。

有一次,在一个雷雨交加的日子,宋嘉树要带宋庆龄去龙华。宋嘉树并不是让宋庆龄去参观龙华古刹,而是要带着宋庆龄去历练意志。他还特意让宋庆龄丢掉手中的雨伞,指着龙华塔,告诉宋庆龄:"孩子,你看这座塔,它已经在这里历经风雨千余年,可它为什么没有倒呢?因为它基础牢固。你将来也想要在社会上立足,就需要从小锻炼,打好基础。现在我们就一起绕着宝塔跑六圈,看谁先跑完。"宋嘉树带头跑起来,宋庆龄跟在后面,即便在泥泞中摔倒了,也迅速爬起来,继续追赶父亲。

为了锻炼孩子们的意志力,宋嘉树还会带着孩子们一起禁食。在禁食那天,孩子们都已经饿得饥肠辘辘,但看到可口的饭菜,却都极力克制,跟着父亲坚持下去,不去碰一下食物。

【家教心得感悟】

优秀的父母,往往能教育出优秀的儿女。宋嘉树虽然在知名度上不如自己的孩子,但他在教育方面有自己的方式方法,让孩子成为比自己更加优秀的人。宋嘉树总能寻找各种机会培养自己的孩子,让孩子从小品尝一点生活的磨难,培养了孩子坚强的意志力。

孩子的成长过程中,挫折是必须面对的一部分。面对挫折时,有的人会变得脆弱,甚至会崩溃;有的人会坦然面对,在挫折中越挫越坚强。现在的孩子,在父母的爱护中长大,很少有机会遇到挫折和困难。一旦有挫折和困难出现在面前,很可能会被挫折和困难所击败。

因此,作为父母,要从小培养孩子坚强的意志力。

1. 分析孩子恐惧的原因

遇到困难,孩子胆小退缩、号啕大哭是常见的问题。首先,重要的是要理解孩子恐惧的原因。陌生环境或新事物可能会让孩子感到不安,某些特定的事件或不好的经历可能会给孩子带来了不好的感受。与孩子进行坦诚沟通,倾听孩子的内心,帮助孩子找到让他们感到恐惧以及想要极力逃避的原因。

2. 告诉孩子勇敢面对

每个人的人生不可能都是一帆风顺的，困难也是构成生活的一部分。如果孩子看到困难就退缩、逃避，眼前的困难一直得不到解决，孩子的内心必定会一直备受煎熬，对其成长十分不利。

家长要告诉孩子，与其逃避，让自己害怕，不如勇敢去面对，直接去解决。还可以找来一根弹簧，让孩子用不同的力道去按压，通过观察不同力道下弹簧的弹跳情况，引导孩子找规律、做总结，让孩子明白"困难像弹簧，你弱它就强"的道理。当孩子变得足够强大时，就不会再畏惧困难。

3. 给孩子一些适当难度的挑战

寻找生活中一些适当难度的挑战，与孩子一起参与进来，是提高孩子坚强意志力的一种有效方法。比如适当禁食、户外长跑、户外爬山、户外骑行等。但需要注意的是，这些具有挑战性的事情，要在保证孩子生命安全的情况下进行，让孩子在克服困难的过程中锻炼自己的意志力。

4. 大目标分割，小步骤挑战

帮助孩子设立一个目标进行挑战，鼓励孩子尝试勇敢面对困难。在实施的过程中，可以将目标分割为多个小目标，让孩子从小步骤开始进行挑战，之后逐渐增加挑战难度，让孩子逐渐适应并克服内心的恐惧，逐渐变得强大起来。在挑战的过程中，家长可以根据孩子的挑战情况，给予孩子正确的指导。只要孩子能成功迈出第一步，成功完成第一个小目标，就是最好的开始。

5. 给孩子积极的鼓励和奖励

孩子每成功挑战完成一个小目标，家长及时给予孩子积极的鼓励和奖励，是对孩子最好的肯定。这有利于增强孩子的自信心和继续挑战下去的动力。

人生最大的敌人其实就是自己。害怕什么，就迎难而上，主动去面对什么，这样就会变得越来越强。培养孩子的意志力，让孩子在一次次挑战中变得更加强大、更加有韧性，在未来的路上孩子就能坚韧不拔、毅然前行。

第六章　　逆境磨炼：鼓励孩子在逆境中成长

———●【思考】●———

· 您的孩子平时表现得足够坚强吗?

· 您准备如何去培养孩子坚强的意志力呢?

能吃苦的孩子最容易成才：李苦禅对孩子的"吃苦教育"

【导语】

著名思想家、作家歌德说过：痛苦遗留给你的一切，请细加回味！苦难一经过去，苦难就变为甘美。孩子的成长，不仅需要吃饭，还需要吃苦。

【名人家教品读】

"吃得苦中苦，方为人上人。"很多家长用这句话来教育孩子。近年来，"吃苦教育"走进人们的视野，让孩子吃苦，经受一些磨炼，成为孩子成长路上的必修课。家长培养孩子吃苦的精神，能够提升孩子坚韧和适应困难的能力。

李苦禅十分注重对孩子的"吃苦教育"。

李苦禅是著名的画家、书法家、美术家、教育家，作为国画大师，李苦禅是中国传统大写意花鸟画领域的杰出人物，其大写意花鸟画蜚声海内外。李苦禅不但在绘画方面颇有造诣，还将其儿子李燕培养成了一位出色的画家。

李燕从小就在父亲的熏陶下，喜欢上了画画。在李燕13岁那年，他就提出要跟随父亲学绘画。李苦禅十分开心，就答应了。李燕本以为学习绘画是一件非常轻松的事情，但跟随父亲练了几天之后，却发现并不是自己想象的那样。学画画每天十分苦，十分累。每天挥笔练习，腰都站疼了，手也画得直发抖，脖子也天天低着感觉酸疼，眼睛一直要看着也变得十分胀痛。

于是，李燕跟父亲说自己想要放弃练习。李苦禅问道："你不喜欢绘画？"李燕回答："父亲，我是十分喜欢绘画的，但是您看我跟着练习的这些天，这也太辛苦了。"李苦禅本来是想着，如果儿子真的不喜欢绘画，就不逼着他去做，但如果真的喜欢，那就得打消怕吃苦的念头。李苦禅觉得，对一个孩子讲大道理，可能他不愿意听，或者听不懂。于是就想了一个办法。

他将儿子带到街上，买了又红又大的李子。儿子吃得津津有味。李苦禅趁机问儿子："你觉得李子甜不甜？"儿子开心地说："甜，很甜。"李苦禅告诉儿子："你把李子吃完后，核不要扔，交给我。"

等到拿到核之后，李苦禅拿来一把铁锤，在儿子面前将核砸开，然后把核肉递给儿子："试着把它吃下去。"李燕听话地将核肉放在嘴里咀嚼，没几下就眉头紧皱，将核全部吐了出来，还说："怎么这么苦啊？"

李苦禅让儿子赶紧漱了漱口，然后语重心长地说："你知道那些很红很甜的李子，刚开始是如何从一枚苦核成长起来的吗？其实，爸爸是想让你明白，学习过程就像是李子成长的过程，中间会很艰辛、很苦涩，但这是成功的必经阶段。经历风吹、雨淋、日晒，吸收天地精华，苦了过后，最终一枚苦核才能长成甜美的果实。"

听完父亲的话，李燕明白了父亲的良苦用心，点了点头。李苦禅趁热打铁，继续告诫儿子："干艺术是苦差事，喜欢养尊处优不行，怕苦，是不行的。"

自此，李燕在父亲的指导下，每天刻苦练习。他还经常跟随父亲跋山涉水，不畏风吹日晒，不怕路上险阻去写生。有的时候，一出去就是一整天，几块干粮，再带点水，就算是一顿饭。

经过长期的刻苦努力，李燕也最终成为一代名师。

【家教心得感悟】

李苦禅作为绘画大师，深知人要想获得成功就要吃苦的重要性。在对儿子的教育上，不但教育儿子懂得吃苦才能成功的道理，还身体力行培养孩子吃苦耐劳的精神。

人不会苦一辈子，但总会苦一阵子；许多人为了逃避苦一阵子，却苦了一辈子。现在的孩子，基本都是生活在富足的家庭，缺乏吃苦的能力。等长大进入社会后，必定会因为先前没有吃苦而难以适应。在孩子小时候，就对其进行"吃苦教育"，让孩子适当吃一点苦，是好事。这是对孩子心理承受能力、坚韧不拔精神的一种培养。

1. 为孩子树立吃苦的意识

当下,很多父母为了节省出更多的时间让孩子用在好好学习提升成绩上,一切事情都为孩子提供最好的。孩子除了学习,很少有吃苦的机会,也并不知道吃苦的重要性。可以通过讲寓言故事、名人故事的方式,给孩子树立吃苦的意识,让孩子知道,吃苦并不是坏事,而是成长的一部分。吃苦是为了让他们变得更加坚强,更好地走向成功。

2. 给孩子吃苦历练的机会

人生中,吃苦并不是一种不幸,而是一种珍贵的历练。吃苦有助于培养孩子坚韧的性格,增强孩子的毅力和耐心,让孩子在人生的风雨中能够保持坚强。吃苦对于孩子来说是非常珍贵的财富。孩子长大以后,很多时候都要独自去面对挫折和挑战。让孩子多吃点苦,经受点挫折、磨难,孩子才能在面对各种风浪时依然泰然自若,并积极应对各种挑战。

家长不要总是把孩子装在"蜜罐子"里,要学会放手,让孩子有吃苦的意识,适度吃苦来锻炼自己。

人生的路上,难免会遇到不如意的事情。让孩子多锻炼,适当地吃一些苦,体验失败的感觉,能有效提升他们的抗挫折能力、自我应对能力。长大后,遇到任何事情才能更加坚强地面对。这对他们以后的人生定是受益无穷的。

3. 与孩子一起吃苦

只知道享乐的父母,难以养出一个肯吃苦、能吃苦的孩子。家长可以与孩子一起参加一些活动,陪孩子去"吃苦"。抓住一点一滴进行引导和鞭策,把坚强、勇敢的品质嵌入孩子的灵魂中。这不仅仅是一场难忘的亲子活动,更是孩子人生中非常宝贵的经历。陪孩子亲身体验,才是对孩子吃苦教育的最好"课堂"。

当然,对孩子进行"吃苦教育",一定要把握一个度。让孩子在安全的前提下,有尊严地吃苦。并不是人为设置障碍,更不是对孩子不管不顾地随意

"施虐"。让孩子在美好和难忘中，变得坚强、坚持、有耐力，才是"吃苦教育"的真正目的。

——•【思考】•——

·您会用吃苦的方式来教育孩子吗？

·您会用什么样的方法来培养孩子勇于吃苦的精神呢？

让孩子在逆境中成长：李国豪的逆境磨炼教育法

【导语】

卢梭说过：逆境是一所完全自修自悟的大学磨难，对于弱者是走向死亡的坟墓，而对于强者却是生发壮志的泥土。逆境也有其存在的价值。机智的家长不会放弃这样的机会来教育自己的孩子。

【名人家教品读】

现在的孩子，大多数在父母的照顾与关爱中长大。他们享受着良好的生活条件，使用着丰富的教育资源。他们缺少了应有的逆境和经历，这样不利于孩子今后的成长。注重对孩子的逆境磨炼教育，很有必要。

在这里，让我们一起品读李国豪教子的故事，学习李国豪的育儿经验。

李国豪是我国两院院士、桥梁工程与力学专家、著名土木工程家，他的一生都心系桥梁，希望在祖国的江河湖海上建起更多具有世界先进水平的斜拉桥和悬索桥。李国豪也很希望自己的孩子能够专注于桥梁建造事业，但孩子们都有自己的选择。李国豪认为一切顺其自然就好，尊重他们的选择，不勉强他们走自己的路。后来，他的四个孩子，都在各自领域有着出众的表现。

李国豪的二儿子李乐曾，在 17 岁的时候，被分配到一所农村学校当乡村教师。对于面对黄土背朝天的教师生活，李乐曾感觉自己的前途一片黯淡，只有一封封家书成为他当时最好的精神慰藉。每次一有家书来，他都会十分欣喜地读了一遍又一遍。有一次，他在给父亲李国豪写信的时候，提到过内心的苦恼和彷徨，认为在农村当老师不会有太大的发展，前途更是渺茫。

李国豪看到信后，立刻给李乐曾回信。他在心中说，在困苦的逆境中，更要坚强。乡村教师的工作虽然很辛苦,但这也是一个很好的磨炼自己意志的机会,可以远离城市的纷扰,有时间好好学习一些东西、研究一些东西,让自己沉淀下来。在信中,李国豪还一再强调,不要好高骛远,不要一心羡慕别人的工作和工作环境有多好,关键是自己能否在艰苦的条件下,不断充实自己的生活内容,丰富自己的学识。要知道,历史上不少名人,都是在一段生活的磨炼中成就了自己伟大的事业。李国豪还专门列举了一些名人事迹作为榜样,让李乐曾学习。告诉李乐曾,人最珍贵的就是意志力,并不是什么生活条件和学习条件。不管生活条件、学习条件再差,只要正确对待,都是能让自己在成长路上变得更强、更好的最好磨炼。

最后,李国豪还引用了刘禹锡的知名诗句:"莫道谗言如浪深,莫言迁客似沙沉,千淘万漉虽辛苦,吹尽狂沙始到金。"劝解李乐曾。李国豪的家书给了李乐曾很大的希望,也让他懂得了"人在经历过逆境的洗礼之后,才能闪闪发光"的道理。

【家教心得感悟】

身处逆境之中,内心彷徨,对未来充满迷茫,这是绝大多数人都会有的心理感受。李国豪用讲道理、摆事实、引诗句的方式,极力强调逆境造就人才,让李乐曾走出对"逆境"的恐惧,对"逆境"有了新的认知,明白了逆境对于自身成长的重要性。

现在的孩子,家长给予更多的是"顺境教育",尽可能地满足孩子的一切要求,给孩子创造更加舒适的成长环境,尽可能不让孩子经历和承受磨难,让孩子在顺境中安逸成长。但事实上,很多时候,事实证明,孩子并不完全适合在"顺境教育"中成长。长久的顺境生活,使得孩子变得十分脆弱,也很容易因为一点不顺的事情就情绪化。这对孩子的成长非常不利。

"磨难"好比孩子成长过程中的"钙",是不可或缺的精神营养。逆境教育是家庭教育中非常重要的一环。逆境教育,可以让孩子身处逆境中,依然能有坚强的意志去面对逆境,并想方设法在逆境中充实和丰富自己,学会在逆境中成长。

1. 告诉孩子逆境并非终点

任何限制都是从一个人自己的内心开始的。很多时候，身处逆境的人，都会对现状充满迷茫，认为自己的人生就会在这样的逆境中度过，直至人生的终点。其实，逆境只是人们通往成功的一条必经之路，是构成人生之路的一部分。逆境是对我们的一种暂时的考验，是一个很好的锻炼人心智的机会。对于孩子来说，逆境更是可以让孩子学到很多宝贵东西的良机，是孩子获得更好结果的一个转角。父母可以通过寓言故事、动画片等形式，将这种观念灌输给孩子。

2. 给予孩子正确的引导和鼓励

在逆境中的孩子，会因为很多的不如意而内心充满各种不满、不悦，甚至不愿接受，想极力逃避。在这种情况下，孩子需要得到家长的正确引导和鼓励。要告诉孩子，逆境并不等于失败。同时，给孩子传递积极的能量，让孩子正视逆境，并通过父母讲述自己的逆境经历，让孩子感受到自己并不孤单。

3. 教会孩子正确利用逆境助力成长的方法

身处逆境并不可怕，可怕的是孩子在逆境中就此沉沦，或者被逆境所打倒。如果能将逆境合理利用，将会收获意想不到的益处。

掌握正确利用逆境的方法，可以让逆境成为孩子走上人生巅峰的跳板。

首先，要教会孩子学会转换思维。逆境看似让人陷入人生的低谷当中，但这个低谷也恰好是发生转机的最好时机。

其次，自我探索和成长。人在逆境中，会有很多时间去思考和反省。如果能够在这个时候重新审视自己，知道自己真正想要的是什么，自己的人生目标是什么。那么就可以明白，身处低谷中，自己最应该做的是什么。

最后，持续学习和提升自我。一个人一旦有了目标、有了追求，不管环境多么恶劣，多么不堪，也都难以阻止一个人持续学习和提升自我的步伐。

山重水复疑无路，柳暗花明又一村。逆境虽然给人带来痛苦和困扰，但也孕育着孩子成长的机会。经过逆境磨炼的孩子，可以以逆境为起点重新出发，

第六章　　逆境磨炼：鼓励孩子在逆境中成长

打开未来人生的新局面。

———•【思考】•———

· 您的孩子经历过逆境的考验吗？

· 如果您的孩子身处逆境，您会怎么帮助他"上岸"呢？

从细微处磨炼孩子志气：冯玉祥的家教观

【导语】

明代思想家、文学家、军事家王守仁说过：志不立，天下无可成之事。有志气是做人的基本精神素养。对于孩子来说，同样"志当存高远"。

【名人家教品读】

有志气的人有着远大的目标，而且不会因为各种因素而改变人生目标和方向。这样的人，做任何事情都比较容易成功。有远见的父母，从小就会培养孩子的志气。

冯玉祥在关注孩子成长的同时，十分注重对孩子志气的培养。

冯玉祥是著名的抗日爱国名将。冯玉祥虽然出身贫寒，但他入伍后，从布衣至上将一路升迁。他有胆识，为人豪爽，一生留下了很多传奇故事。

冯玉祥深知："一个人没有远大的志向，这辈子就会碌碌无为。"所以，在孩子的教育上，冯玉祥经常说："你们几个孩子，现在还没有走上社会。爸爸希望你们能够努力学习，增长知识的同时，也要做一个有志气有出息的人，今后都成为对民众、对社会有用的人。"

孩子们当时还小，对于什么是志气，如何做有志气的人还没有多少认知。孩子们问父亲："爸爸，如何做个有志气的人呢？"冯玉祥告诉他们："要紧的是学本事，学能耐，要先自己站得定，然后尽自己的力量去帮助别人。要是全靠别人帮忙，那就是自己看不起自己。俗话说得好，工欲善其事，必先利其器。一个木匠，必须有一把好的斧锯，才能做出好家具。"

在冯玉祥的悉心教育下，孩子们逐渐长大。在大儿子冯洪国即将外出学习时，他问父亲有什么要嘱咐的事情。冯玉祥想了想，就提笔为儿子写了一副对联:"欲除烦恼须无我,历经艰难好做人。"写完后,冯玉祥把孩子们都叫到跟前,语重心长地说:"这副对联,是写给你们的,也是写给我自己的。要'无我'才能为民众、为大家。心甘情愿为老百姓效劳,'无我'是关键。'历经艰难'也不容易。你们现在年纪还小,没经历过什么,也不知道这里面的难处。做一个好人,必须经过磨炼……要有信心在艰难中把自己磨炼成一个完全'无我'的人。"

冯玉祥的话,孩子们铭记于心,也从小立志成为对社会有用的人。长大后,孩子们不负父望,大多学有成就。

【家教心得感悟】

冯玉祥给孩子们留下的最宝贵的财富,就是教会孩子们"立身先立志"。这样的道理相信很多人都懂,但真正做起来却很难。冯玉祥让孩子们懂得,只有先在苦日子里熬熬,磨炼意志,才能在日后成大器。冯玉祥对孩子"艰难中磨炼志气"的家教,即便在今天,也是十分值得家长们学习的。

很多时候,家长会认为,孩子小时候就是学习和娱乐,树立远大的志向是长大以后的事情。树无根不长,人无志不立。孩子从小要有志气。有了志气,心中也就有了崇高而远大的理想,并且有勇气去追求和实现这些目标。在实现理想的过程中,有志气的人,无论遇到什么困难,都不会轻言放弃。这样的人,才能更容易走向成功。

想要孩子有出息、有志气,就要从小抓紧开展家庭教育工作。

1. 教导孩子具备上进心

孩子缺乏上进心,就会没有什么追求,做事情也都不会想着尽力把事情做好、做到尽善尽美。在日常生活中,培养孩子的进取意识。比如,可以通过以下方式去做。

(1)讲述家长亲历

家长可以通过向孩子讲述自己过往的奋斗经历,告诫孩子生命在于不断奋斗和积极进取,这样的人生才更有意义。

（2）阅读励志故事

励志故事是培养孩子进取心的最好教材。鼓励孩子阅读励志书籍和名人传记等，通过了解成功人士的故事，可以激发孩子的奋斗欲望。

（3）适当表达期望

家长适当表达对孩子的期望，让孩子知道父母对孩子的期望，能调动孩子不断进取的积极性。但要注意，避免期望过高而给孩子带来反感心理。

2. 帮助孩子树立正确的理想

对孩子的理想教育，要从日常生活的细微处进行渗透。抓住孩子的关键期，将孩子兴趣和志向加以联系，一步步引导，让孩子明白什么是理想，为什么要树立理想，应当树立什么样的理想。还要将孩子不正确或者不切实际的理想加以纠正和正确引导。伟大的事业基于正确的理想，正确的理想需要有效的行动，有效的行动需要百折不挠的斗志。志气不输，遇到困难、艰难的时候，才能坚持直至胜利。

3. 提供独立克服困难的机会

没有哪位家长会不心疼自己的孩子。但对孩子疼爱，也要讲究方式方法。为孩子提供独立克服困难的机会，让孩子在困难中磨炼孩子的志气，也是对孩子疼爱、关爱的一种表现。这种爱孩子的方式，比娇生惯养的爱，更加有用，对孩子更加有益。

困难是培养孩子志气的"磨刀石"。孩子在身处困难的时候，不要因为"孩子还小""孩子应当以学习为主"而为孩子代劳，或帮孩子解决问题。给孩子时间，让孩子独立思考，寻找解决方法。方法不对，就加以引导和表扬；方法不对，就鼓励孩子继续寻找。在锲而不舍中，直至孩子独自找到解决办法，最终走出艰难之路。

父母都希望自己的孩子能够过得好，走得顺。但这一切建立在孩子自身能力的基础之上。孩子从小养尊处优，做事懒散，长大后一旦遇到困难，就可能被压垮，甚至走向歧途。让孩子从小就适当经受磨炼，在细微处培养孩子的志气，培养孩子矢志不移的进取精神，这样的孩子长大后一定不会差。

第六章　　逆境磨炼：鼓励孩子在逆境中成长

————●【思考】●————

· 您的孩子是否有远大的志向？

· 您打算如何培养孩子成为一个有志气的人呢？

面对困境要自强不息：齐白石之母的"榜样式"教子法

【导语】

中国革命家、教育家徐特立说过：有困难是坏事也是好事，困难会逼着人想办法，困难环境能锻炼出人才来。当孩子身陷困境时，只要内心不乱，自强不息，就不会输掉自己。

【名人家教品读】

有人说，父母在孩子的气质中，奠定了最初几块基石。对孩子的教育，始于父母。孩子的一言一行，都受到父母的影响。对于父母而言，不但要注意自己的言辞用语，还要注意行为品格。为人父母，应当像齐白石的母亲那样，用自己的行动来感染和教育下一代。

齐白石的母亲周氏，出身贫寒，却性格坚韧，一生精明强干、勤俭持家。齐白石小时候经常看到母亲不停地忙碌。她一个人纺纱织布，为全家人的生活操持着。

周氏家里养了十几只鸡鸭，一家人却舍不得吃蛋，而是把鸡鸭蛋都卖了换钱贴补家用。家人的衣服破了，周氏就将衣服浆洗之后再进行缝补。而且还开玩笑说："笑烂不笑补，穷日子靠自己。"

齐白石在耳濡目染下，从小养成了勤劳吃苦的习惯。更重要的是，他在家里处于穷苦困境的日子里，变得更加坚强和坚韧，这让他在日后坎坷的生活获得了很好的精神支持。

齐白石家只有几间破屋和一亩水田。每年的收成都不能养活全家。平日里，父亲在外打工，母亲负责家里一切事务。每年，母亲收割了庄稼后，还会从剩下的稻草里将散落在田间地头的稻谷一粒粒拾起，这样不但不会浪费粮食,还能尽可能地攒下更多的稻谷,为齐白石上学换来一些学习用品。母亲所做的一切,齐白石看在眼里,对母亲更是心疼和愧疚。于是,他上了半年学就和家里人说自己不想上学了。父母再三劝说,也都无济于事。齐白石每次都表现得十分坚决。最后,父母也只能十分无奈地接受了这件事情。

齐白石并没有成天在家懒惰闲散,也没有成天外出和邻居孩子们疯玩,而是帮家里做一些力所能及的事情。做饭、砍柴、放牛、捡粪,这些都是他的日常。每天只有在放牛的时候,齐白石才有自己的闲暇时光,他勤奋地学习画画。有的时候,他竟然沉浸在自己的世界里,仿佛忘却了其他一切,经常忘记母亲交代过的事情。

但母亲从来没有因此而责备齐白石,相反非常体谅他。看到齐白石对画画感兴趣,也十分有天赋。即便家中再贫寒,母亲都尽全力支持他学习绘画。

在齐白石6岁那年的一天,他们邻村有官员前来巡检。这位官员的职位虽低,却排场很大。那位官员坐在轿子里被人抬着,前面还有专人敲锣打鼓吆喝着开道。这样的派头在乡下十分少见,大伙儿兴致勃勃地去看热闹。

隔壁大娘跑过来,叫周氏和齐白石一起去。周氏问:"孩子,你去不去?"齐白石说:"不去。"母亲转身和隔壁大娘说:"你看,这孩子挺别扭,有热闹还不肯去。你自己去吧。"齐白石听到母亲说了"别扭"两个字,以为自己说错了话,惹母亲生气了。哪知,等隔壁大娘远去后,母亲笑出了声,还说:"好孩子,有骨气。看这样的热闹干什么?我们凭自己双手吃饭,当官有什么了不起的!"

母亲的这句话,给齐白石带来了很深的影响。这让他从小就对高官俸禄不感兴趣,而是以勤劳和坚韧为荣。齐白石曾经说过:"夫画者,本寂寞之道。其人要心境清逸,不慕官禄,方可从事于画。"齐白石的这种自强不息的崇高品格成就了他日后的辉煌,他被誉为"20世纪中国最负盛名和最具影响力的中国画大师",而且诗、书、画、印方面可谓"全能"。而赋予他崇高品德的正是他勤俭贤惠、自尊自强的母亲。

【家教心得感悟】

齐白石的母亲周氏自尊自强的品质,在潜移默化中影响着齐白石,使得齐白石成长为一个敢于追逐梦想，崇尚自强的人。母亲的言传身教对孩子的成长意义非常深远，也提醒着我们教育孩子的重要性。

当下，虽然家长都希望自己的子女也能自强自立，但很多情况下，不少家长不愿意看自己的孩子吃一点苦，他们总是习惯性地为孩子操办所有事情，从儿童时期的穿衣吃饭，上学出门替孩子背书包，到青年时期的铺床叠被、洗衣打扫，所有的一切，家长都事无巨细。从小事事要人服侍，长大后孩子不能自强自立。尤其在遇到困境时，孩子表现得胆怯、退缩，不是随意哭闹，就是自顾自地发脾气。很难想象，这样的孩子未来会怎样。其实，这不能怪孩子，都是家长平时教育不当造成的。我们必须注重在困境中引导和培养孩子自强不息的精神。

1. 为孩子树立榜样

父母是孩子最好的榜样。孩子通过模仿来学习和成长。家长可以在平时做好示范，向孩子展示自己自强的一面。

2. 多给孩子锻炼机会

孩子并没有家长想象的那么脆弱、不堪一击。凡是适合孩子年龄段、符合孩子能力去做的事情，都让他们自己去完成。

当他们在做的过程中，遇到困境，鼓励他们亲自去尝试解决，孩子才能在这个过程中学会思考、总结和反省，然后再次去尝试。经过多次坚持不懈地努力之后，孩子就会在历练中变得更加强大。历经困境和痛苦，是给孩子的一笔难能可贵的财富。

3. 多鼓励孩子，帮助达成

孩子是需要鼓励的。很多孩子面对困境，显得不知所措，害怕退缩，甚至有的孩子想要依赖父母帮助自己解决。

这样的孩子缺乏自主意识，动手能力弱。但家长要多鼓励孩子积极去尝试、大胆去实践，靠孩子自己的力量走出困境，并且变得强大。当孩子有疑问和困惑时，家长需要及时给予帮助，为他们答疑解惑，从中帮助他们快速走出困境。家长的表扬，具有很好的激励作用，能激发孩子在日后的生活、学习中更加自信与自强。

自强不息是一个孩子成长阶段的优秀品质。真正自强的孩子，在面对任何事情时都有自己的节奏，能自觉地努力向上，不断追求进步和完善自我。这样的孩子，他未来的人生道路，必将充满无限可能。

●【思考】●

· 您的孩子在日常生活中是否表现出自强与自信？

· 您准备如何培养孩子自强不息的精神？

第七章

释放天性：给孩子提供自由成长的空间

每个孩子都是与众不同的，他们的天性也是不一样的。家长一味地管教和约束孩子，只会让教育效果适得其反。就像一根弦，绷得太紧就会断裂是一样的道理。机智的家长在管教孩子的同时，更懂得尊重孩子的个性和特点，懂得正确释放孩子的天性。

尊重和维护孩子的天性：老舍的育儿经

【导语】

著名思想家、作家米歇尔·德·蒙田说："尊重他人的选择，不是要放弃自己的观点，而是要相信每个人都是独立自主的个体。"孩子作为独立的个体，同样应该得到家长的尊重。

【名人家教品读】

现代社会中，家长几乎将对孩子的关注，全部放在学习成绩和各种才艺的培养上，他们总是希望孩子朝着自己的心愿成长，却忽视了孩子作为独立个体的感受和需求。这种按照家长需求成长的孩子，没有得到家长的尊重，缺失了自由成长的机会。

当孩子承载的负能量积累到一定的时候，孩子就会开启一种自我保护机制，会有想要逃离的冲动。最终影响孩子的成长，也影响家庭的和谐。家长干预得越多，情况越糟糕，最终陷入"死循环"当中。如何破解？

老舍是我国著名小说家，作家、语言大师，被誉为"人民艺术家"。他的文学作品语言幽默、笔触犀利，很有艺术感染力，在中国现代文学史上享有极高的评价和地位。老舍除了作品受到了广泛的认可和尊重，在教育孩子方面也颇受推崇。这里我们可以学习一下老舍的育儿方法。

在老舍看来，给孩子足够的成长空间去认识世界。在老舍的教育观念中，特别提倡孩子要天真、淳朴，他主张孩子要多玩耍，多创造。

一天，朋友前来探望，与老舍聊天时，老舍的儿子舒乙总是在旁边听大人讲话，还时不时把听来的新鲜词念出来，遇到不懂的就会反复问："这是什么意思？"老舍不允许舒乙打断大人讲话，这样会很没礼貌。但也没有因为大人们在聊天而赶走舒乙。当舒乙发问的时候，老舍通常会笑着看着他，很少回答他的提问或者给他解释意思，而是让舒乙自己从对话的内容来推测。

老舍出门逛街、访友时也会带上孩子们。他从不牵着孩子的手，经常自己走在前面，让孩子跟在身后。看到有意思的事情，老舍会停下来看看，也不主动和孩子多解释什么，而是给孩子们时间自己去观察和理解。

老舍也十分尊重孩子的个性发展。老舍知道孩子的天性就是好玩，在孩子们学习书法、画画、唱歌的时候，他从来不加干涉，不认为做这些事情就是在耽误孩子学习。相反，他还会经常与孩子们一起研究如何运用笔法或声韵，才能写出一手漂亮的毛笔字、唱出一首好听的歌。

老舍十分尊重孩子的观点和选择。孩子在他面前可以自由发表意见和看法。有一回，舒乙在谈到自己的未来时，说出了自己的想法，老舍也是静静地听着，让舒乙自己做决定。虽然舒乙在文学方面遗传了父亲一定的天赋，但他还是选择了自己喜欢的理工科。老舍并没有横加阻止，而是十分愉快地支持舒乙的决定。

【家教心得感悟】

老舍总是能将孩子的自由和天性放在首位，用一种"超然的态度"去尊重孩子的选择。老舍对孩子的教育方式，是在当今十分少有的。

孩子的天性，如对周围事物充满好奇、天性纯洁和朴实、天生喜欢玩耍、喜欢模仿他人、喜欢直接表达、喜欢问为什么、喜欢尝试新事物和新方法等，是这个世界上最珍贵的东西。在亲子关系中，家长对孩子关爱的同时，也要对孩子的天性给予尊重，给孩子自由表达观点和选择的权利。这样，在平等和尊重中，家庭的和谐关系才能更加长久。尊重孩子的天性，维护孩子的天性，是每位家长应当重视并着手去做的事情。

1. 尊重孩子的个性

每一个孩子都是一个独立的个体。有的好动调皮，有的喜欢安静；有的喜欢幻想一些天马行空的东西，有的喜欢拆解研究一些玩具、电器……尊重孩子的个性，等于呵护孩子的自尊心。家长不要试图强硬改变孩子的个性，不要对孩子强加自己的期望和价值观，否则只能阻碍孩子个性中的优点发挥。要学会尊重孩子，鼓励孩子展现自己独特的一面，让他们按照自己的意愿去发展和成长。

2. 提供丰富的环境和资源

孩子的天性是非常宝贵的，不要随意抹灭孩子的天性。给孩子提供丰富的环境和资源，可以帮助他们挖掘自己的兴趣和天赋，使得孩子的天性得到更好地维护。比如，可以为孩子提供各种书籍、音乐、美术素材等，让孩子尝试不同的事物；也可以带孩子走进大自然、亲近大自然，给孩子更多探索自然的机会。

3. 鼓励孩子表达自己的观点和想法

很多时候，家长会为了树立自己的威信，把家里当成了"一言堂"。家长说什么就是什么，不允许孩子反驳，也不允许发表自己的观点和想法，孩子完全成了家长思想的复制品。久而久之，孩子的自尊受到伤害，家长也根本不知道孩子内心的想法，亲子关系就会变得十分生疏。

孩子天生是愿意与人交流的，语言是孩子表达自我想法和观点的主要方式。家长要以开放的姿态，与孩子平等交流，鼓励孩子表达自己的观点和想法，不要急于打断或否定孩子的意见，并给予孩子适当的回应和建议，让孩子感受到对他的想法的理解和重视。

4. 尊重孩子的兴趣和爱好

孩子有着自己的个性、兴趣、喜好、才能和思维方式。尊重孩子，不强制孩子做自己不喜欢的活动，参加不喜欢的课程，鼓励孩子敢于尝试并发展自己的特长，这也是对孩子天性的最好维护方式。

孩子就像是一朵在春日里成长的幼苗，他们有着无限的活力和希望。以爱来尊重和维护孩子的天性，可以让孩子因自己的天性而与众不同。

第七章　释放天性：给孩子提供自由成长的空间

———•【思考】•———

· 您在生活中会尊重孩子的天性吗？

· 您会秉持哪些方法来维护孩子的天性呢？

让孩子的天性自由发展：叶圣陶的家教观

【导语】

"科学管理"理论的奠基人哈林顿·埃默森说过：保存儿童的天性，并且按照它所指出的方向，用知识把儿童天性武装起来。呵护孩子的自然天性，让孩子的天性自由发展，孩子的眼中才会永远闪烁灵光。

【名人家教品读】

孩子总是喜欢自由自在、无拘无束地玩耍和探索，有的家长则认为，让孩子顺着天性发展，会变得散漫、不好管教，用干预和管教来树立威信，约束孩子才是最重要的；有的家长认为，让孩子的天性自由发展，孩子才能够更好地成长，才有更加让人惊艳的未来。

对于孩子的天性问题，家长应当"抓"还是"放"？我们不妨先看一看叶圣陶对孩子的教育故事。

叶圣陶是我国著名作家、教育家、社会活动家和文学出版家。他盛产文学作品，涵盖了小说、诗词、戏剧、童话、散文等诸多方面，在中国文学史上享有举足轻重的地位。叶圣陶致力于文学研究和创作的同时，还形成了十分全面系统的教育理论，很多教育理念颇受推崇。

叶圣陶对文学充满了热爱。按照常人的理解，叶圣陶一定会将自己的文学创作技法传授给自己的子女，让孩子们也能在文学领域大放异彩。毕竟，"子承父业"不足为奇。然而他却并没有这样做。

叶圣陶从来没有像其他父母那样强迫孩子学习，只是让孩子们每天选择性地读书和写作，读什么，写什么，读多少，写多少，这些完全由孩子们自己决定。唯有一点，就是孩子们需要把读到的、学到的东西告诉他，将写出来的内容与大家分享,一起品读。

叶圣陶的儿子,叶至善、叶至诚、叶至美喜爱写作,他们经常在晚饭后,大家把油灯往桌子上一提,三个孩子就坐在桌子旁,叶圣陶会坐下来与孩子们一起改稿。叶圣陶看了文章后,先不说文章怎么改,而是启发孩子们一起来讨论。"这里多了些什么?""这里缺点什么?""这里换个词表达会不会效果更好呢?""这里怎么说才能说得更明白呢?"叶圣陶问完了,孩子们就会互相挑错,还会讨论怎么改,然后再进行比对,挑出最好的修改方案。这样商量着改完之后,叶圣陶会大声朗读一遍,让孩子们自己检查文章是否通顺,语义是否正确。

在叶圣陶的正确引导下,孩子们在自由、和谐的氛围里,养成了读书和写作的兴趣和自觉性。这就是叶家成为"出版世家"的秘密。

【家教心得感悟】

叶圣陶教育子女的过程中,既注重孩子天性的自由发展,又注重对孩子的引导和规范,在自由与规矩中寻找到了平衡之道。

叶圣陶的这种教育子女之道,很好地解决了有些家长的困惑:一方面给孩子天性自由发展,担心孩子放荡不羁;另一方面约束管教孩子,担心不利于孩子天性的发展。

天性好比种子,它既能长成香花,也可能长成毒草。懂得培养前者,拔除后者的父母,才是真正睿智的父母。

1. 分清基于天性自由的好与坏

提倡注重孩子天性的自由发展。但很多时候,父母分不清什么时候可以让孩子随着性子去做事,什么时候需要对孩子严加管束。这是很多家长在对孩子教育过程中表现出的一个重要的问题。

让孩子的天性自由发展,并不是让孩子随着天性随意发展。父母要分清基于天性自由的好与坏。比如,孩子对外界事物的好奇,会引发他们对新鲜事物的主动探索。如果孩子出于好奇,做出了伤害别人的事情。这样虽然也是基于孩子天性而产生的行为,孩子本身并没有恶意。但是,已经造成对别人的伤害，这种行为是错误的，就不能随意让孩子继续下去。这样基于孩子天性自由的发展，并不是我们所提倡的真正意义上的自由发展。家长应当及时制止，要让孩子知道自己的行为是错误的，并对孩子及时纠正。

2. 天性自由发展需要适度

基于天性，孩子会自觉、主动去做一件事情。但也要注意，孩子天性自由发展也需要掌握一个度。家长在兼顾孩子天性自由释放的同时，也要不断对孩子进行引导和教育，做到数量适度、时间适度、欲望适度。任何事情，过犹不及，孩子在自主自觉做一件事情的时候，不论这件事情是好还是坏，要适当把控和克制。这就像吃美味大餐一样，适度地满足，才会一直觉着美味，一下子吃多了，必然会导致消化不良，肠胃不适。

比如，爱玩是孩子的天性，家长允许孩子释放天性的同时，也要帮助孩子做好时间控制。如果孩子毫无节制、毫无自觉性地长时间沉迷于看电视、玩游戏。即便爱玩是孩子的天性使然，但如果听之任之，放任不管，最终只能害了孩子。

孩子的天性，就像野外的野花。如果拿来直接插在花瓶里，蓬蓬松松一大把。如果家长对其精心修剪一番，这些花就会变得更加精致，绽放出更优美的姿态。倡导孩子天性的自由发展，不是让孩子天性任意发展。我们在给孩子自由空间去探索和学习的同时，还应当培养他们的规矩意识。"天性的自由"和"规矩"之间实现了平衡，才是释放孩子天性所具有的正向意义。

———•【思考】•———

• 您是如何让孩子的天性自由发展的呢？

• 您在对孩子的教育过程中，是如何做到"天性的自由"与"规矩"之间的平衡的？

第七章　释放天性：给孩子提供自由成长的空间

勿用成人观念干预孩子：陈景润的"自然养育法"

【导语】

著名哲学家巴鲁赫·斯宾诺莎说过："教育之目的，在使儿童成为自主自治之人物，而非受制于他人之人物。"育儿最不能忽视的是孩子的天性，不要把大人的世界观强加给孩子。

【名人家教品读】

在当今社会，教育理念发生了很大变化，释放孩子天性在教育界的呼声越来越高，也受到很多教育者的推崇。顺应孩子天性，可以让孩子自由、健康、快乐成长。但真正厉害的家长，更加注重将孩子的天性与教育相结合，顺应天性地引导孩子。

陈景润采用的"自然养育法"，非常值得我们借鉴。

陈景润是著名的教育科研工作者，数学奇才。他的儿子陈由伟在出生之时，就被父母寄予厚望，他们希望儿子能够继承父亲的志向，在数学领域能够获得更大的突破，成为一名伟大的科学家。

为了让这个愿望能够尽早实现，在儿子几个月大的时候，陈景润就让儿子手握铅笔，想要教儿子学写字。在儿子刚满一岁的时候，陈景润就在家里教他学英语。凡是家里孩子玩的、用的物品，陈景润都会给贴上写有英文单词的标签，让孩子在日常生活中就能熟悉这些英文单词。

等到儿子稍微大点之后，陈景润就开始培养他的数学能力，希望孩子能接自己的班。但事实上，孩子爱玩是天性，儿子对数学并没有表现出什么兴趣，甚至还有一种特意回避的意思。

这样的情况，换作其他父母，或许会生气，甚至会因为孩子的不顺意而发火，大声训斥孩子不懂事、不争气。陈景润却因为儿子的不顺意而进行了深入的反思。他觉得，之前自己所做的一切其实都是错误的，都是按照自己的意愿强加给孩子的。每个人都有喜欢或不喜欢一件事情的权利，如果强迫，只会让孩子更加反感。即便孩子在父母的压力下最终妥协去做这件事，也不会将这件事做好。更重要的是，每天让孩子做他不喜欢的事情，孩子的内心也一定会是非常痛苦的。这样的做法，显然是对孩子的成长十分不利的。

对此，陈景润做了一个十分重要的决定，就是用民主的态度对待儿子，给儿子权力，让儿子自己的事情自己做决定。

在民主、开放的家庭中，陈由伟从生活到学习都没有了压力，性格也变得活泼了很多，对于新鲜事物，也都表现出极大的兴趣，总是喜欢问"为什么"。

陈由伟上小学之后，放学回到家经常和陈景润聊自己在学校的事情，包括学习、劳动以及和同学之间的往来。每次，陈景润都会认真听完，对孩子的事情或表扬或纠正，但从来不会为孩子的事情做主。他觉得，孩子的事情，还是让孩子自己做决定最好。

儿子小学五年级的时候，陈景润还专门给儿子报了华罗庚数学班，希望儿子能喜欢上数学，日后在数学领域有更深的造诣。但陈由伟觉得数学太过枯燥，很没意思，就自己做主把课退了，之后再也没去过。

陈景润尊重儿子的决定。由于儿子对吹鼓号十分感兴趣，陈景润就征询儿子意见，要不要报个吹鼓号的兴趣班。陈由伟立马同意了。

看到儿子每天兴致勃勃地练习小号，并在学校也因为吹小号的技艺而小有名气，陈景润与妻子达成了一致：儿子不一定非得子承父业学数学才算有出息。

【家教心得感悟】

相信很多家长和陈景润之前一样，喜欢将自己的意愿强加给孩子，替孩子做决定，认为自己做的事情也是孩子喜欢的事情。也不考虑孩子是否喜欢，是否愿意。最终的结果只能是，孩子做得不情不愿，效果非常糟糕，甚至还让孩子产生了强烈的抵抗心理。这样的结局，是每位家长都不希望看到的。

想让孩子健康快乐成长，家长就应当像陈景润一样，不对孩子做过多的干预，让孩子遵从内心喜好去自由发展。

1. 不要用成人思想束缚孩子的天性

孩子的想法和选择有时候天马行空，却又富有新意。很多家长喜欢用自己的标准来塑造孩子。站在大人的角度，很多时候孩子的想法和选择是不现实的，没有出息的。一旦孩子的任何方面偏离了家长的方式，就被认为是需要迅速加以纠正的。

就像家长觉得钢琴可以提升孩子气质，就给孩子报了钢琴班；家长觉得练跆拳道能够让孩子保护自己，就给孩子报了跆拳道班；家长认为打篮球可以帮助孩子长个子，就为孩子报了篮球班。这些都是因为家长自己的观念。

其实，这些可能并不是孩子喜欢的、感兴趣的。家长自以为是，用专制思想禁锢了孩子的头脑，扼杀孩子的天性和喜好，让孩子无形中变成了家长手中的"傀儡"。

2. 释放孩子的天性

在孩子的教育上，既要遵循孩子成长发展的客观规律，又要防止循规蹈矩而忽视了孩子的天性。如果孩子总是被告知什么该做，什么不该做，孩子的天性就会被束缚，孩子就没有机会去思考和探索自己感兴趣的事情。

比如，孩子爱玩，如果家长整日让孩子处于封闭的环境中不停学习，这样的孩子就像笼中的金丝雀，久而久之就会失去活泼可爱的一面，变得死气沉沉、郁郁寡欢。

再比如，孩子喜欢亲近大自然，这里的各种新鲜事物能激发他们的好奇心和求知欲。如果家长因为孩子在田间地头玩耍弄得衣服脏了而呵斥孩子，"快住手""脏死了""手上全是细菌"，并制止孩子，那么孩子就会为了规避被家长的责骂，而不再亲近大自然。这其实是在阻止孩子增长知识、拓宽视野，阻止孩子探索未知世界，阻止孩子的创造力。

家长应当努力打破束缚在孩子身上的条条框框，让孩子在安全的范围内自由自在地玩耍、生活和学习，还孩子自由、纯真的童年。

3. 肯定孩子的想法和选择

要鼓励孩子释放天性，对孩子的想法和做出的决定给予肯定，让孩子得到这样一个信息：自己的选择是正确的，只要肯努力是能够成功的。这样的信息会让孩子原本感兴趣的事情，产生巨大的信心和动力，促使他们为自己的选择更加积极前行。

────•【思考】•────

・您平时会用自己的观念来干预孩子吗？

・您是如何鼓励孩子释放天性的呢？

因势利导，培育优秀孩子：苏洵的家教良方

【导语】

著名教育家、思想家陶行知说过：培养教育人和种花木一样，首先要认识花木的特点，区别不同情况给以施肥、浇水和培养教育，这叫"因材施教"。孩子就像一块璞玉，顺着孩子的天性去雕琢，"玉"方能成真"器"。

【名人家教品读】

当下社会竞争激烈，家长为了不让孩子输在起跑线上，总是给孩子报很多辅导班、兴趣班。孩子每天学习忙忙碌碌，失去了原本的活泼和快乐，而且学习效果并不是十分显著。如何改善这种现状呢？

我们看一下苏洵的家教方法，或许可以从中找到答案。

在中国文学史上，素有"唐宋八大家"的说法。这"八大家"中，苏家就占了三家。他们是苏洵、苏轼和苏辙父子三人，也被誉为"三苏"，在中国文坛被传为佳话。

苏洵在对孩子的家庭教育方面十分注重因势利导。

苏洵本人27岁才开始读书，起步比较晚。所以他希望两个儿子能够好好读书。但苏轼和苏辙从小就十分调皮，苏洵多次使用说服教育，希望孩子知道少年读书的重要性，然而总是不见成效，于是他改变了教育策略。

一天，苏轼和苏辙两兄弟在院子里玩耍，苏洵故意拿着一本书躲在角落里聚精会神地读起来。读着读着，苏洵一会儿在那呵呵笑，一会儿又潸然泪下。两个孩子从来没有看到父亲读书会有这样的情况出现。他们十分好奇，就跑上前去探寻父亲的"秘密"。

一听到孩子们的脚步声，苏洵就慌慌张张地将书合上，并赶紧将书藏到身

后，假装若无其事的样子。苏轼问道："父亲，您这是在做什么呀？"苏洵就故意支支吾吾。看着父亲欲言又止的样子，再对比父亲平时对兄弟两人严厉的样子，完全是两个人。这样的情况连续发生了好几次，兄弟两人就更加好奇了。"父亲读书为什么要背着我们呢？看父亲时而笑，时而哭，这本书到底有什么好玩的东西呢？"于是，乘苏洵外出不在家时，苏轼和苏辙就偷偷把父亲藏的书找出来认真地读起来。兄弟两人被书中的故事所吸引。渐渐地，苏轼和苏辙就对读书产生了浓厚的兴趣，逐渐养成了爱读书的好习惯。

【家教心得感悟】

苏洵为了激发孩子的读书兴趣，顺应孩子好奇的天性，让孩子积极主动学习起来。苏洵尊重孩子天性，注重因势利导，为我们树立了成功的家教典范。

天性是一种与生俱来的东西。孩子天生好奇，喜欢探索世界，很可能因此而出现调皮捣蛋、不听话的倾向。这并不意味着孩子有问题，而是他们在成长过程中本来应该有的正常表现。那些优秀的孩子，并非基于个人的天性，而是在日常生活中被家长培养出来的。理解和尊重孩子的天性，顺应孩子的自然成长规律，再加以科学的引导，就可以培养出优秀的孩子，让孩子发挥最大潜力。

1. 真正了解孩子

《孙子兵法》中有这样一句话：知彼知己，百战不殆。这句话在作战时适用，在家庭教育领域同样适合。家长要想培养孩子，首先就应当了解孩子。很多时候，家长并不了解自己的孩子，不知道孩子在想什么，孩子喜欢做的是什么，所以他们总是按照自己的意愿来培养孩子，不尊重孩子的天性。最终导致在培养孩子这条路上，走进了一个误区。

2. 结合天性给予及时引导

当然，孩子言行举止表现出纯真、活泼的天性时，家长不要第一反应就是去责备孩子，而是要想着如何正确发挥孩子的天性，及时引导孩子正向成长。

比如，孩子天生爱玩，可以将学习元素融入游戏当中，孩子在玩的过程中，既开发了智力，又学到了东西。

孩子有喜欢模仿的天性，就可以通过日常的言行举止，让孩子在模仿中学会穿衣吃饭、待人接物、锻炼身体等。而且这些好的言行举止受到大家的褒奖和推崇，孩子自然也会有兴趣模仿。在模仿的过程中，就会潜移默化地养成良好的生活习惯。也可以让孩子模仿书本中的故事片段进行表演，让孩子在表演中加深对课本内容的理解，顺便记住很多词汇。

孩子拥有强烈的好奇心，我们可以将一些有意思的日常与学习科目结合起来，通过调动孩子的好奇心，让孩子主动积极去了解和钻研学习科目。

总之，真正高明的家长，会找到和孩子的天性发展相匹配的方法，找到并提供适合孩子天性发展的土壤，让孩子茁壮成长。既顺应了孩子的天性，又促进了孩子身心的健康成长。这样才是释放孩子天性正确、有效的方式。

———•【思考】•———

· 您平时注重对孩子天性的因势利导吗？

· 您准备如何利用孩子的天性培养优秀的孩子呢？

有梦想就努力去实现：毕加索的家教之道

【导语】

著名作家陀思妥耶夫斯基说过：没有理想，即没有某种美好的愿望，也就永远不会有美好的现实。孩子从小就有理想，这是个性的表现，也是基于天性发展的结果。

【名人家教品读】

每一个孩子其实都是梦想家。有的希望自己长大后成为一名宇航员，有的想长大后当一名人民警察，有的想成为一名厨师，有的想当一名公交车司机……不论孩子的梦想是什么，他们的内心都是纯粹的，是他们对美好事物的向往和追求，是孩子的天性使然。

但很多时候，孩子的梦想和追求，并不是父母所期望的，也并没有沿着父母期望的轨迹去发展。家长会因此而大失所望。

面对相同的情况，毕加索对孩子的教育是如何的呢？

毕加索是世界著名的画家、雕塑家。他有一个女儿叫芭洛玛。毕加索像所有父母一样，对孩子寄予厚望，希望孩子能继承自己的事业，成为世界级的绘画大师。在女儿很小的时候，毕加索就带着女儿到自己的工作室玩。一方面为了照顾女儿，另一方面是为了让女儿在自己的工作环境中受到熏陶。

果然，女儿在父亲的熏陶下，喜欢上了绘画。女儿在一天天长大，绘画技术也在不断提升。毕加索看到女儿的进步，十分开心。看着女儿的画，毕加索仿佛已经看到了未来女儿摘得绘画大赛桂冠的场景。

但是，没想到的是，在女儿14岁那年，她突然走到毕加索面前，告诉毕加索，自己对绘画失去了兴趣，再也不想提笔作画了，她爱上了服装设计和珠宝设计,梦想自己未来成为首席设计师。

毕加索听到后,瞬间感觉希望落空,内心十分沮丧。这意味着自己对女儿多年来的苦心培养将全部付诸东流。但毕加索并没有责备,也没有劝说女儿,而是很快就想通了,他觉得自己不应该强行要求孩子按照自己设想的未来而活。他告诉女儿:"孩子,你有自己的想法和梦想是好事,父亲为你的梦想而感到高兴。作为父亲,我一定会支持你。"

听到父亲的一番话,女儿十分感动。因为自己再也不必背负着父亲的期望学习绘画了。后来,女儿芭洛玛在自己的努力下,成了颇有名气的服装和珠宝设计师。

【家教心得感悟】

毕加索虽然也希望自己的女儿能传承自己的"衣钵",将绘画事业发扬光大。但在女儿表明心意,说明内心的真实想法之后,毕加索并没有反对,相反还支持女儿的梦想。

毕加索这样的父亲,是很多孩子都羡慕的"别人家的爸爸"。很多孩子,的确做任何事情,都需要先过父母这一关。如果父母表示不赞同,不支持,自己的梦想就会化为泡影,成为一个无法企及的梦。家长这样做的后果是,梦想的小火苗就此被浇灭,给孩子带来压力和挫败感,影响孩子今后的自信心和追求梦想的勇气。

孩子的人生高度,从被尊重的梦想开始。如果家长都能像毕加索一样,尊重孩子的选择,支持孩子的梦想,让孩子有自由发展的空间,那么孩子的未来将会收获更多的惊喜。

1. 对孩子表达理解和赏识

人各有志。梦想不论大小,都是基于孩子天性而建立起来的。不论梦想是否远大,是否与家长期望相符,都应当对孩子表达理解和赏识。

孩子对最亲近、最尊重的人传递的理解和赏识,会非常在意。家长表达理解和赏识,是对孩子心中梦想的认可。能得到父母的理解和赏识,孩子的内心是开心的,可以激发孩子为自己的梦想而努力做到更好。

2. 鼓励孩子探索他们的兴趣

孩子往往会因为兴趣而有了梦想。很多时候，父母总是觉得自己是过来人，自己为孩子做的任何决定都是正确的，都是为了孩子好。这样的家长对孩子期望都比较高，对孩子的要求比较多。但他们根本不知道孩子想要的是什么，未来想要什么样的生活。

孩子有自己的喜好和兴趣，他们内心所向往的、追求的东西，不一定要以父母的期望和意志为转移。如果孩子背负着父母的梦想前行，会让孩子感到身心疲惫，活得很累。

睿智的家长不会将自己的意愿强加给孩子，而是对孩子的梦想坦然接受，并给予最好的支持。也会对孩子感兴趣的事情，鼓励他们全力以赴去探索、去实现。

3. 给孩子营造宽松的成长环境

每一个孩子都是一颗独一无二的种子，他们各有各的天赋和潜能。他们需要自己的空间、时间去探索、学习和成长。过于严厉、专制的家庭环境，不利于孩子的创造性发展。宽松、自由、平等的家庭环境，则为孩子天性的发展提供良好的氛围。给孩子一定的自由度，让孩子拥有一个"松弛感"的家庭，孩子才有足够的安全感、自信心去大胆追求自己的梦想。

每一个孩子来到这个世界上，都是独一无二的，是谁都无法替代的。他们像野花一样，有自己的生长姿态。如果用望子成龙、望女成凤的方式去破坏孩子的天性与姿态，就是在拔苗助长。尊重孩子的天性，尊重孩子的选择，让孩子为了梦想乘风破浪，成就属于自己的人生。

——●【思考】●——

· 您在平时的教育过程中，会强加自己的意愿而忽视孩子的兴趣和喜好吗？

· 您是如何平衡尊重孩子天性和提供适当引导教育的呢？

第八章

树立三观：
三观正的孩子未来更出色

孩子的身心健康成长，需要有正确的三观做人生导航。正确的三观，是孩子堂堂正正做人、公道正派做事的准则，对孩子人格塑造、价值判断等具有深远的影响。帮助孩子树立正确的三观，孩子会受益一生。三观正的孩子，未来会更出色。

帮助孩子树立正确价值观：巴菲特对子女的价值观教育

【导语】

著名文学家、自然科学家歌德说过：你若要喜爱自己的价值，你就得给世界创造价值。家庭教育的核心价值之一，就是要帮助孩子树立正确的价值观。

【名人家教品读】

孩子从一出生开始，就受到家庭教育的影响，在言行举止上形成差异。导致言行举止的差异化，一个重要的原因，就是家长对孩子价值观传递的不同。对孩子从小传递正向的价值观，对孩子未来的人生发展有着重大影响。

巴菲特以其价值投资策略而闻名，在投资界享有极高的声誉，被投资界称为"股神"。巴菲特所拥有的财富称得上是世界级的大富豪，但他的子女没有继承他的亿万美元资产，却依然能够过得十分幸福。正是因为巴菲特十分注重对孩子正确价值观的培养。

巴菲特一共有三个孩子，女儿苏西，大儿子霍华德，小儿子彼得。他们都靠自己的努力，在各自领域成就了伟大的事业。

大儿子霍华德从小对农业种植十分感兴趣，他的理想就是长大后能够做一个农夫。巴菲特非常支持大儿子，还专门为霍华德买下了一座农场。但巴菲特要求霍华德，必须每个月按时缴纳租金，否则就将农场收回。霍华德也说到做到，按时向父亲缴纳租金。经过自己的不懈努力，霍华德将农场越做越大，实现了自己心中的梦想。

小儿子彼得在音乐方面表现出极高的天赋，巴菲特也非常支持他，彼得的音乐事业发展得相当不错。自己出了很多专辑，在各地开巡回演唱会，参加比赛获得过格莱美奖。事实上，在彼得长大后，父亲就没有在经济上给予他太多的帮助。尤其是彼得大学毕业后，所有的有关音乐方面的花销，都是自己赚来的，或者贷款买来的。然后在正式进入社会工作后，慢慢还贷款。

苏西虽然是家里唯一的女孩子，但巴菲特依然没有惯着她。她从小就被父亲安排去送外卖、送报纸，赚来的零花钱由自己支配。在长大后，苏西也养成了一边上学，一边打零工赚零花钱的习惯。工作后，苏西也从最基层的岗位做起，如今成了巴菲特家族的慈善基金管理人。

巴菲特一生创造的商业版图，可以说是富可敌国，对自己的孩子却如此"抠门"，实在是让人感到不解。此外，巴菲特将自己一生赚的钱，99%都捐了出去。他觉得，亿万财富不能给人带来多少能力和成长，反而会消磨人的激情和理想。

其实，巴菲特之所以这么做，是为了给孩子们传达正确的价值观。他希望孩子不被财富迷了双眼，他更希望孩子们有自己的目标，做自己喜欢做的事，去寻找自己的人生和价值。

【家教心得感悟】

巴菲特将对孩子三观的培养看得很重，他能在孩子小时候就从各个方面，教会孩子独立生活，独自奋斗，为孩子树立正确的三观。正如巴菲特在给儿子自传的序言里所说：孩子出生在富有的家庭不一定是好事。财富对于孩子来说，可能是一把双刃剑。一个人，如果只盯着金钱，也就失去了人生追求。巴菲特留给孩子的不是巨额财富，而是正确的人生观。

孩子慢慢长大，会逐渐形成自己的价值观。价值观是指个体对于人生、事物、行为的认知和评价标准。拥有正向价值观的孩子，会拥有积极向上的态度，正确看待自己的人生价值，整个人活在充满阳光的快乐世界里。

虽然不是每位家长都能成为巴菲特，但巴菲特对孩子的教育观念非常值得我们学习。帮助孩子树立正确价值观，让孩子乐观、自信、勇敢地创造辉煌的人生。

1. 家长言传身教

我们在注重对孩子价值观塑造的时候，往往忽视了自身无意识的言行可能会影响孩子价值观的形成。孩子从出生开始，与父母每天接触的时间最多，父母对孩子产生影响也十分巨大。价值观是可以传递和迁移的。

如果父母总是想着投机取巧、一夜暴富，想让孩子勤奋实干、吃苦耐劳是不可能的。

如果家长口中总是比阔斗富，想让孩子成为不拜金、不攀比、不物质的人，也是不可能的。

如果父母的言行举止、思想认知的方式都是正向的、健康的，孩子也会随之形成积极的正向的价值观，并在不断强化的作用下固化下来。

家长注重日常生活中的一言一行，在不经意间塑造孩子的正向价值观，效果会十分显著。

2. 帮孩子建立价值信念

价值观可以说是一种信仰或者价值趋向。时代不同，价值观也会随之而有所差异。我们小时候，在问及人生目标时，我们的回答是要成为科学家、医生、解放军、人民教师等。在当下，被问及长大后想做什么的时候，很多孩子是迷茫的。因为他们对自己的人生价值没有规划，或者因为生活衣食无忧，只知道好好学习，考上好的大学，找到好的工作，就能有好的生活。甚至有的孩子回答自己想当大明星、大网红等。

如今，不少孩子对网络红人、电视明星等脱口而出，却对那些为祖国发展而贡献的英雄一无所知。

所以，帮助孩子建立价值信念，让孩子对价值取向有一个正确的判断很有必要。可以通过讲故事、看电影、现场教学等方式，让孩子了解价值观的形成，了解价值观的重要性。也可以通过"反面教材"让孩子明白正确价值观的意义。

价值观影响孩子的一生。一个拥有正向价值观的孩子，更容易拥有积极、健康的心理状态。父母的耐心、关爱和正确引导，在树立孩子正向价值观的过

第八章　树立三观：三观正的孩子未来更出色

程中，发挥着不可替代的作用。

———●【思考】●———

·您觉得价值观对孩子重要吗？

·您准备如何帮助孩子树立正确价值观呢？

教育孩子要想得到必先付出：李光耀的教子观

【导语】

我国著名的革命家、教育家徐特立说过："一分耕耘，一分收获。要收获得好，必须耕耘得好。"付出才会有收获，这不仅是一句教诲，更是一种人生态度。

【名人家教品读】

如今，人们生活富足，孩子喜欢什么、想要什么，只要孩子一句话，家长再贵都会给孩子买。如果家长不顺从，有的孩子就会不依不饶。这样的孩子并不明白付出与收获的关系，更不懂得"付出才有收获"的道理。

对于这一点，新加坡开国元首李光耀的教育方式很独到。

李光耀育有三个孩子，每个孩子都有着卓越的成就。长子李显龙曾担任内阁贸易和工业部长职务，后来通过努力成为新加坡第三任总理；次子李显扬是新加坡知名企业的董事局主席；女儿李玮玲曾在新加坡国立脑神经医学院担任院长职务。

李光耀从小就教育孩子"天底下没有免费的午餐"，让孩子明白，自己想要的东西，需要靠自己的努力去争取。

很多人认为，李光耀会把自己的总理之位传给长子李显龙。然而李光耀并没有这么做，他斩钉截铁地说："总理这份工作不是私人财产，没有传给儿子的道理。"

李光耀将那些无时无刻给孩子提供生活享受的父母，比作"圣诞老人"。因为圣诞老人总是慷慨地送孩子好吃的、好玩的东西。在"圣诞老人"关照下的孩子，不用付出任何劳动，就能得到物质和精神上的满足。这样的孩子，如果将不劳而获当作一种习惯，最终害的只能是自己。

李光耀在接受新加坡《新报》记者的采访时，被问及"为什么不让自己的孩子继承自己总理位置"，李光耀说了这样一段耐人寻味的话："孩子迟早是要步入社会的，不管他们未来从事什么工作，那时候都不会再有'圣诞老人'。他们需要靠自己的劳动换取他们想要的东西。为了他们的长远利益，他们从现在开始就必须懂得'一物换一物'的道理。"

【家教心得感悟】

明明有着巨大的职权，但作为孩子的家长，李光耀并不希望孩子们养成不劳而获的习惯。为了让孩子自己去创造、去争取、去奋斗，他没有像人们以为的那样，将职位传给自己的孩子。

在当下这个竞争日趋激烈的时代，父母总是想方设法将最好的东西都留给自己的孩子，不希望自己的孩子输在起跑线上。能像李光耀一样为孩子树立正确的人生价值，让孩子懂得想要得到必先付出的父母，并不是很多。

孩子小时候把坐享其成当作习以为常，长大后正式进入社会，就会明白，生活中的一切并非都是唾手可得的。因此，教孩子学会付出，是他们成长路上不可或缺的一环。

1. 向孩子灌输"付出才有收获"的理念

当今社会，许多孩子的物质需求得到了极大的满足，他们想要的东西轻而易举就能得到，所以他们对于"只有付出才有收获"的道理难以理解。可以通过讲寓言故事、分享名人成功经历等方式，让孩子从中明白，世界上没有随随便便的成功。那些成功的硕果，都是人们向着既定目标努力奋斗的结果。同时，还要让孩子避免陷入那些"成功只需要天赋"的误区，使孩子明白，努力拼搏对于成功的重要性。

2. 从实践中感知"付出才有收获"的真谛

孩子不懂得"付出才有收获"的道理，那是因为他们缺乏切身体会。让孩子参与一些家务劳动，在学会承担责任的同时，也为他们提供一个付出努力的机会。

比如，帮助父母清洗衣物、收拾屋子、准备简单的餐食等。孩子在做家务的时候，既能感受到劳动的辛苦，又能因为整洁的衣物、可口的餐食而获得辛苦付出所换来的成就感、满足感。

也可以带着孩子参加社会实践活动，如参加志愿者活动、社区服务等。这些活动不但培养了孩子助人为乐的品质，还让孩子明白自己的努力付出为社会做出了贡献，换来了他人幸福，也赢得了社会的认可，让自己成为一个有价值的人。

这些实践活动都能让孩子很好地感知到"付出才有收获"的真谛。

3. 帮孩子辩证地分析付出与收获

付出就有收获，但很多时候，孩子会对此做出反驳。比如，自己努力学习了，但成绩还是没有得到提升。此时，我们需要让孩子明白，付出与收获需要用辩证的眼光去看待。不是所有的付出都能换来收获，但不付出就一定不会有实实在在的收获。成功等于掌握正确的方法和拥有坚持不懈的努力。掌握正确的方法，有正确的方法做支撑，才是付出与收获成正比的秘密。当然，付出的过程中，只要能感到快乐和幸福，也算是一种美好的精神收获。

付出是收获的前提，奋斗是成就的阶梯。一个人，没有付出，不去奋斗，何谈成功？摆正孩子的观念，教会孩子懂得付出，乐于付出，让孩子在汗水中见证收获的甜美，未来孩子才能在人生的征途上越走越远。

———•【思考】•———

·您平时会让孩子轻而易举得到自己想要的东西吗？

·您是如何教育孩子要想得到必先付出的呢？

第八章 树立三观：三观正的孩子未来更出色

向孩子灌输正确的金钱观：洛克菲勒的育儿心得

【导语】

著名作家巴尔扎克说过：对于浪费的人，金钱是圆的，可是对于节俭的人，金钱是扁的，是可以一块块堆积起来的。孩子应当从小树立正确的金钱观，掌握正确的花钱方式。

【名人家教品读】

在孩童时期，孩子最主要的任务就是好好学习。他们吃穿不愁，其他的事情都不用他们操心，一切消费都由家长来买单，孩子不用为了家庭生计而担忧。在花钱的时候，大手大脚，毫无计划性，这是典型的缺乏正确金钱观的表现。

洛克菲勒有着很好的金钱观，也用自己的金钱观来教育孩子。

洛克菲勒家族可以说是一个创造了"神话"的家族，从创始人约翰·戴·洛克菲勒开始，整个家族凭借巨额财富，在美国繁盛了六代。从学校，到博物馆，到金融，到医疗，到科技，诸多领域都有着洛克菲勒家族的印记。

约翰·戴·洛克菲勒喜欢冒险，善于交际。从小约翰·戴·洛克菲勒就从父亲那里学习了经商之道，又从母亲那里学到了精细、节俭、守信等美德。在后来经商的过程中，他的商业版图逐渐扩张到多个领域。他知道如何用自己的每一分钱，也有着独有的魄力和经商手段，从白手起家到石油帝国的建成，让他获得了巨额财富。即便如此，他在生活上却非常简朴，并且时刻向孩子们灌输他在一贫如洗时形成的金钱观，防止孩子们挥金如土。

为了让孩子们树立正确的金钱观，约翰·戴·洛克菲勒在孩子们很小的时候就教孩子们如何赚钱，让他们体会到赚来的每一分钱都十分不易。

约翰·戴·洛克菲勒还要求孩子们养成记账的习惯，鼓励孩子们用劳动赚钱。

对于孩子们能够通过劳动赚钱这件事,约翰·戴·洛克菲勒感到十分得意和欣慰。有一回,家里有人来做客,他指着13岁的女儿,向客人"炫耀":"你看,这个小姑娘都已经开始挣钱了。她听说煤气用得仔细,可以省下不少钱。便跟我说了这件事,我告诉她,如果和以前的账单对比,真的能将煤气花销降下来,那么节约下来的钱都归她。于是她开心地晚上四处转悠,发现没有人用煤气灯的时候,就上去将灯关小点。"

约翰·戴·洛克菲勒这样做,很好地培养了孩子勤劳节俭、爱惜钱财的习惯。

【家教心得感悟】

有句老话叫作"富不过三代"。洛克菲勒家族从约翰·戴·洛克菲勒开始,已经到了第六代,依然能将家族事业这张大网铺向各个角落,依然能够站在富人榜上傲视天下,与约翰·戴·洛克菲勒的金钱观分不开的。他自己懂得怎么赚钱,也从小给孩子们灌输自己的金钱观,教会孩子通过努力劳动赚钱,珍惜每一分钱。这样的家庭教育方式,值得我们每一位家长认真学习。

1. 帮助孩子正确看待金钱

当下,有的孩子小小年纪就表现出对钱的喜爱,对花钱毫无概念,认为只要手里有钱,就能买自己想要的任何东西。错误的花钱习惯,过多重视物质,不利于孩子正确金钱观的形成,对孩子日后的成长也会带来负担。

要教会孩子客观地看待金钱。金钱是生活中不可缺少的东西,但金钱也不是万能的。比如,金钱能买来美味佳肴,漂亮衣服,但不能买来亲情。不要把金钱看得太重,它并不是我们生活的全部,否则生活就少了很多乐趣。

2. 教孩子金钱要取之有道,用之有度

虽然生活需要金钱作保障,但要通过自己的劳动来换,要通过正规途径获得,才能花得安心。不义之财虽然具有很大的诱惑力,但不可取。花钱要有节制,要花在刀刃上。不盲目跟风,不追赶潮流,要珍惜自己赚来的每一分钱。

必需的、有用的东西，该花则花；可有可无的东西，该省则省。

3. 让孩子知道钱财来之不易

如果只是给孩子讲一些大道理，孩子不一定会听，也不一定觉得家长说得有道理。教育孩子节俭，最好的教育方式就是实践。为孩子提供一些自己劳动赚钱的机会，如做一次房屋打扫可以获得多少钱，帮家长洗一件衣服可以赚多少钱，倒一次垃圾可以拿到多少钱等。孩子既做了家务，减轻了家长的负担，又通过劳动赚得了"收益"，体会到了家长赚钱的不易。

4. 给孩子零花钱，供其自由支配

当孩子明白金钱来之不易后，就可以给孩子适量的零花钱。给孩子零花钱，表面上是让孩子拥有了金钱的使用权和支配权，但实际上是用零花钱与家里的钱划清界限。孩子在消费的时候，就会明白，手里的钱是有限的，是一种稀缺资源，会越花越少，应当节省着花。孩子便会主动做出支出计划。久而久之，也就形成了正确的金钱观和消费观。

父母在孩子心中播下什么样的种子，就会在孩子身上开什么样的花。父母的金钱观和消费行为，对孩子的价值观有着十分重要的影响。家庭教育中，不能忽视对孩子金钱观的教育，这会影响孩子未来的财富意识。给孩子树立正确的金钱观、培养孩子的财商要趁早，从小就让孩子拥有正确的金钱观和理财技能，让孩子受益一生。

──•【思考】•──

· 您平时给孩子零花钱吗？

· 您是如何培养孩子的金钱观的呢？

教育孩子谨慎交友：左宗棠教育子女的智慧

【导语】

美国前总统林肯说过：人生最美好的东西，就是他同别人的友谊。但孩子交友要慎重，避免误入歧途。

【名人家教品读】

古人云："近朱者赤，近墨者黑"。孩子的三观很容易受到周围环境或人的影响，而形成类似的习性或行为。孩子积极结交朋友是好事，能提升社交能力，走出心理孤独区域。但家长需要警惕孩子的"毒友谊"，引导孩子树立正确的交友观。

左宗棠就教育孩子谨慎交友，远离纨绔友。

左宗棠是清代杰出的政治家、教育家、军事家。在晚清疆场上，凭借毕生所学，收复新疆、建设西北，为国家统一作出了杰出贡献。此后，他的官职一路高升至东阁大学士、军机大臣，后担任宰相之职。按理说，身居高位，已然是富贵之家，但左宗棠从发迹开始时，就一直刻意避开"富贵陷阱"，还教导家人"惜福保家"，从而保证家族的繁荣昌盛。

左宗棠自己交友就十分谨慎，他的核心"朋友圈"中都是一些重量级好友，如陶澍、林则徐、骆秉章、曾国藩、胡雪岩等，这些人都以清廉官声闻名于世。为了避免自己的孩子因为生活在官宦之家而忘乎所以，欺行霸市，养成不良风气，左宗棠对于孩子们交友管得十分严厉，他禁止孩子与不良少年结交。在得知长子左孝威在与一名纨绔子弟结交往来后，在外办事的左宗棠立刻写信给左孝威："至子弟好交结淫朋逸友，今日戏场，明日酒馆，甚至嫖赌鸦片无事不为，是为下流种子。"左宗棠信中所写，皆旨在勉励孩子远离"纨绔友"。

左宗棠还因为担心子女们久居城中，会被不良习气所影响，特意写信给夫人,叮嘱道:"秋收后还是移居柳庄,耕田读书,可远嚣杂,十数年前风景,想堪寻味也。"他希望夫人带着孩子们去乡下居住,体验乡下自食其力的生活。

由于左宗棠的严格家教,他的孩子们虽然身居高位,声势显赫,但交友却十分谨慎,从来都没有沾染过不良习气。

【家教心得感悟】

"结交端正人士,为终身受用",左宗棠不但有十分鲜明的交友观,自己交友有所选择,还经常用自己的交友准则教导孩子。对于子女与朋友的结交,左宗棠十分重视。在发现孩子结交纨绔子弟后,及时予以纠正和制止,生怕孩子会与"市井为伍",跟着他们学坏。在教导孩子谨慎交友方面,左宗棠可以说是家庭教育中的典范。

俗话说:"交错友,一时悔;交错心,一生伤。"交友,看似简单,实则蕴含着深刻的道理,也会影响孩子的未来。通常,孩子交友,觉得只要能玩得来的,都可以做朋友。他们并不懂得如何选择"益友"。教会孩子如何交友,如何择友,也是家庭教育的重要部分。

1. 直接教给孩子择友标准

孩子在成长过程中,与他人建立友谊关系至关重要,但也要有所选择。家长只告诉孩子不要与某个孩子来往,不能交给他们选择朋友的标准,对孩子无益。教孩子谨慎交友,最直接的方法就是向孩子传递择友标准。这样能帮助孩子做出明智的选择。择友,最基本的标准,首先应当从正确的价值观入手。

诚实,诚实是做人的基本准则,如果交的朋友经常撒谎,连最基本的诚实都做不到,这样的人应当远离;

守信,交友之道,首重信用,对于守信之人,可以主动亲近。那些不守信的孩子不可靠,不可交;

友善,那些经常排挤、霸凌同学,待人不友善的孩子,要避免与之交往;

端正,那些不爱读书,经常搞恶作剧,学着大人抽烟、喝酒、品行不端的孩子,应当及时远离。

2. 培养孩子分辨能力，让孩子自行判断

不论成人还是孩子，都会有属于自己的"朋友圈"。尤其是孩子踏入学校后，接触的孩子多了，朋友也就多了。对于涉世未深，辨别能力较差的孩子来说，择友的过程中很可能会出现偏差，交上"坏朋友"，把自己的孩子也带坏。"授人以鱼，不如授之以渔"。家长与其帮孩子鉴别朋友的好坏，不如教会孩子自己判断。

将正确的价值观在潜移默化中渗透到孩子的内心，让孩子具有初步的交友辨别能力，知道什么样的朋友可以交往，什么样的朋友需要远离。任何事情，预防比善后更省时省力。

3. 鼓励孩子保持独立思考

在交友问题上，给孩子足够的自由空间，培养他们独立思考和正确判断的能力。孩子与家长之间存在观点不同的情况是一种常态。孩子认知的转变需要一个过程，父母可以引导孩子思考，并提醒他们，在选择朋友时，除了要看彼此是否能玩在一起，更重要的是要多考虑对方是否与自己的个人目标和价值观相契合。

孩子择友，选择的不只是人生路上某一个阶段的玩伴，而是能共度美好时光、携手共进的同路人。交对的朋友，比交更多的朋友更重要。

——●【思考】●——

· 您会干涉孩子交友吗？

· 您是如何引导孩子正确择友的呢？

第八章　树立三观：三观正的孩子未来更出色

教会孩子明辨是非：罗斯福的家庭教育法

【导语】

著名哲学家亚里士多德说过：明辨是非，是智者的重要标志。明辨是非直接影响孩子的将来，决定其有怎样的人生。

【名人家教品读】

孩子因为年龄还小，经常在生活中犯错。孩子犯错并不可怕，可怕的是孩子不知道自己做错了事，说错了话。让孩子充分认识到自己的错误，并勇于承认错误、改正错误，是家庭教育的核心内容。

在这方面，我们看一下罗斯福是如何教育孩子的。

富兰克林·德拉诺·罗斯福是美国历史上最杰出的总统之一，也是美国历史上首位连任四届的总统。这么一位伟大的人物，不仅在治国方面有谋略，在对孩子的教育方面也十分有方法。

罗斯福的大儿子叫詹姆斯。在詹姆斯小的时候，罗斯福就想要对他进行重点培养，因此在詹姆斯成长的过程中注入了大量心血。在家工作的时候，罗斯福专门找了一间可以通过窗户看到整个院子的房间。通过窗户，罗斯福可以对孩子们在干什么一览无余。有的时候，罗斯福会因为孩子们天真烂漫的言行给逗乐，有的时候他会因为孩子们无忧无虑的样子而感到欣慰。但更重要的是，罗斯福希望通过观察孩子们的心灵和品质，更好地了解孩子的三观。

在詹姆斯6岁的时候，罗斯福夫人的姐姐一家人前来做客，詹姆斯表现得异常开心，因为姨妈家的两个表兄弟和自己年龄相仿，他们可以在一起玩耍。

孩子们见面后，玩着玩着就跑进了厨房。突然，詹姆斯不小心把姨妈送给妈妈当作生日礼物的高脚杯碰到地上摔碎了。罗斯福夫人和姨妈闻声进来，询

179

问是谁打碎了杯子。姨妈的两个孩子急忙回答"不是我"。詹姆斯迟疑了一下，也跟着说"不是我"。不过，因为是在撒谎，他回答的声音比平时小了很多。

　　罗斯福听完夫人对整个经过的描述，也对事情的真相有了答案。但他并没有当众揭穿儿子。在姨妈走后，罗斯福也没有表现出生气的样子，就连一句询问詹姆斯的话也没有。他只想等儿子自己开口，主动说出真相，主动认错。

　　父亲的这种"沉默式惩罚"让詹姆斯内心受尽了"折磨"。心里想着："父亲就这样让这件事情结束了？也不过来对这件事情再问点什么吗？可明明是我自己的错啊！我是不是该主动认错呢？不行，认错了不是很没面子吗？"

　　罗斯福也会通过妻子暗示儿子，撒谎的人是连父母都不会信任他的。然后就一边耐心等待，一边暗中观察。他发现，詹姆斯最近连玩最喜欢的游戏时也没有以前那么开心了，显得非常不安。

　　终于有一天，詹姆斯再也忍受不了这种"折磨"，跑到父亲面前，泪眼汪汪地承认自己的错误，还用乞求的口吻问道："父亲，我知道错了，不小心打碎杯子是我的错，撒谎更是我的错，我以后再也不撒谎了。您会原谅我吗？您还会像以前一样爱我吗？"罗斯福听了后，终于笑了，他说道："你能主动认错，爸爸很高兴。知错能勇敢认错，以后才不会犯错。爸爸怎么会不原谅你呢？爸爸还像以前一样爱你！"

【家教心得感悟】

　　孩子在成长过程中，会因为各种原因犯错。孩子撒谎后，罗斯福并没有直接揭穿孩子犯的错误，而是通过暗示的方式引导孩子主动认错，让孩子从自己内心认识到错误，并为自己的不诚实而备受"折磨"，最终收到了很好的成效。罗斯福通过孩子犯错这件事，潜移默化地培养了孩子的是非观，让孩子懂得了是非对错。这就是罗斯福对孩子教育的高明之处。

　　孩子缺乏是非观，通常有以下几个原因：

　　第一，父母的教育方式。很多时候，孩子缺乏是非观，是因为孩子在犯错时，家长总是觉得现在孩子还小，分不清对错很正常，长大了自然就明白了。

　　第二，大脑认知不够成熟。孩子的心理机能和大脑还不成熟，是造成孩子缺乏是非观的重要原因。随着孩子的不断成长，孩子会对是非对错有更好的辨别能力。

第三，接触外界机会有限。孩子受到家长的保护，担心孩子出去会受到别人的影响，每天接触的只有老师和同学，缺乏接触外界的机会。这样也剥夺了孩子与外界交流的机会，使得孩子对是非对错的认知有限。

孩子的成长，是一个很长的过程。从小培养孩子的是非观，可以让孩子很好地约束自己的行为，做一个明辨是非道理的人。基于以上几个原因，家长可以通过以下几种方法来教会孩子明辨是非。

1. 家长做到言传身教

父母是孩子最好的老师。孩子从出生开始，最早接触的就是父母。父母的榜样作用对孩子影响十分巨大。家长有正确的是非观，明事理，可以用自己的言行教会孩子做人做事的道理。因此，家长平时要规范自己的行为，在孩子面前有良好的表现，让孩子学到正确的价值观和道德观，进而明辨是非。

2. 告诉孩子何为是非善恶

孩子分不清什么是对错，什么是善恶，家长可以通过教科书、儿童文学作品、电影、纪录片等孩子能够接触到的资源形式，将有趣的故事、现实生活中的例子拿来，和孩子一起阅读和观看，让孩子知道什么能做，什么不能做，明白是非、对错、善恶的概念。此外，家长还可以与孩子共同讨论其中的道德问题。通过思考和讨论，孩子对是非对错有一个更加深刻的认知。

3. 孩子犯错时阻止和纠正

孩子经历的少，认知不全面，总会犯一些错误。在日常生活中，多关注孩子的言行举止。如果发现孩子的不良言行，要么给孩子机会自己认错，比如用眼神暗示、神情暗示、语言暗示等方法，让孩子领悟到自己做错了事；要么及时指出，并加以纠正。比如，开口说脏话、不尊重他人、欺负弱小者、偷拿别人的东西等行为，都应当及时阻止，告诉孩子勿以恶小而为之，勿以善小而不为。千万不要因为孩子小，就对孩子的不良行为视而不见，听之任之。杜绝不良行为，要从小抓起。

4. 引导孩子反思和道歉

当孩子做错事的时候，除了阻止和纠正孩子的错误言行，还需要引导孩子进行反思和道歉。通过反思，认识到自己的错误，并从中汲取教训。对于受害者，孩子应该主动想起道歉，并承担相应的后果。这样有助于提高孩子分辨是非的能力。

孩子的本性是天真烂漫的，内心的是非观容易受到外界因素的影响。家长多花时间剪枝和修正，才可能教育出不断进步的孩子，让他们看到人世间更美的阳光。

——●【思考】●——

· 您的孩子能明辨是非吗？

· 您会如何教育孩子，让孩子形成正确的是非观呢？

联合出品人众筹

张文强

搜狐《职场一言堂》栏目总策划、主持人

互联网实验室数字营销研究中心执行主任

曾任搜狐集团总公司培训负责人，搜狐搜狗搜索全国业务渠道培训负责人，《智汇微视频》《智汇悦读》栏目总策划，《名家在线》栏目特聘策划、主持人；时代光华教育集团特聘讲师；曾荣获搜狐集团最佳创新项目奖。

吴永生

郑州合众企业管理咨询有限公司董事长

郑州市合创汇孵化器有限公司联合创始人，河南家教家风文化研究院执行院长，好家风传承的倡导者和推动者。

梁金平

北京慧人教育科技研究院院长

SPC 学习模型创造者

他博采众长，潜心钻研教育理论，通过大量实践，提出全新的教育理念。他为青少年设计出一套自我管理系统，使许多学生逐渐走上自我管理的道路，学习成绩大幅提高。

黄圣恩

企业管理培训师

中华传统文化传播者

惠州市企家盛管理有限公司创始人兼首席教育官

个人终身成长倡导者，组织终身成长推动者，家风文化传承倡导者，清华大学深圳研究院 EMBA，首批国家级认证高级企业学习官 CLO，ACFT 国际行动教练协会认证教练、认证讲师。曾担任西贝餐饮西贝梦想大学华南校区院长、百安居（中国）装饰建材经理人、行动教育企业大学项目专家顾问。

李涛

企业管理实战型导师

青少年心灵成长导师

九点阳光课程创始人

曾担任广东肇庆市妇联特聘辅导心理辅导老师，在心理学领域也颇有造诣，先后获得多个国际心理学课程认证,并荣获中华大地之星"百佳名师"称号。自 2006 年至今,李涛成功推出"九点阳光青少年领袖特训营""德行天下，从头做起"等大型青少年主题活动，并被中央电视台第二频道（《马斌读报》栏目）、广东电视台、南方电视台、《南方都市报》《广州日报》等多家媒体报道，社会反响强烈，效果显著。曾出版图书《人对了，世界就对了》。

艾玉

许昌市孔子书院副院长

从事企业培训 10 年，培训过十万多名学员，辅导过数百家企业，擅长打造极致客户体验，助力企业招商及团队打造，以利他模式构建高收益幸福企业。致力于商业模式设计与运营，让组织平台化、平台创客化，让人人成为经营者，人人价值最大化。

滕超臣

博思人才创始人

中国招聘服务领域资深专家

他深耕人才领域 30 年，对家庭与个人成长领域有着深刻的洞察力。他曾带领 12 岁女儿骑行 926 公里，从郑州花园口到山东东营黄河入海口，用坚持与陪伴传递坚韧与责任的力量。凭借丰富经验与专业见解，积极参编家教家风类图书，致力于从家庭文化视角为家长提供培育孩子的实用思路，助力优良家风传承。

金云哲

北京思享智汇文化发展有限公司总经理

中国国际经济技术合作促进会健康科技工作委员会副秘书长，从事培训管理咨询 20 多年，为多家企业提供管理咨询与培训服务。

齐夏清

青少年赋能及亲子教育专家

中国东方文化研究会科技赋能文化发展委员会秘书处负责人，长期从事文化研究与家庭教育研究，为众多家庭提供家庭教育指导与培训活动。

任翔

民航科普教育专家

传统文化传播者

管理培训专家，长期从事企业管理工作，曾担任过上市公司董事和地方企业副总经理、总经理、工会主席等职务，对职工培训和思想指导工作有丰富的实践经验，热心中华优秀传统文化的传播推广，积极倡导家风文化普及与传承。曾发表《越王楼怀李白》等多篇诗作，曾出版《平安手册》《新党政机关公文与办公室写作》《机场员工入门》等图书。

李尚谋

品牌 IP 商业化专家

文化活动策划专家

品牌中国联盟、《中国酒业》杂志专栏专家，传媒大学旅游中心智库专家。曾任职于中央媒体、互联网独角兽企业及品牌顾问服务机构，积累了丰富的品牌 IP 策划与建设经验。提出"IP 形象＋剧情化"的城市品牌和新文旅 IP 建设新模式，参与策划《我不是坏孩子》家庭教育话剧，并主导众多传统文化推广活动。在多家专业平台发表行业观察文章，曾出版图书《人生就像一辆汽车》。

王一恒

商业体系架构师

资深家庭教育导师

天使投资人，人性领导力课程研发人、主讲专家，曾发起成立家风教育研究机构，并参与多场家庭教育公益讲座，2022 年起陪跑落地企业体系成功升级超 30 家，曾出版《中国式经理人》《口碑化》等图书。